AMINOGE N°116

Cover PHOTO
KUNIYOSHI TAIKOU

Stylus Removal and Replacement

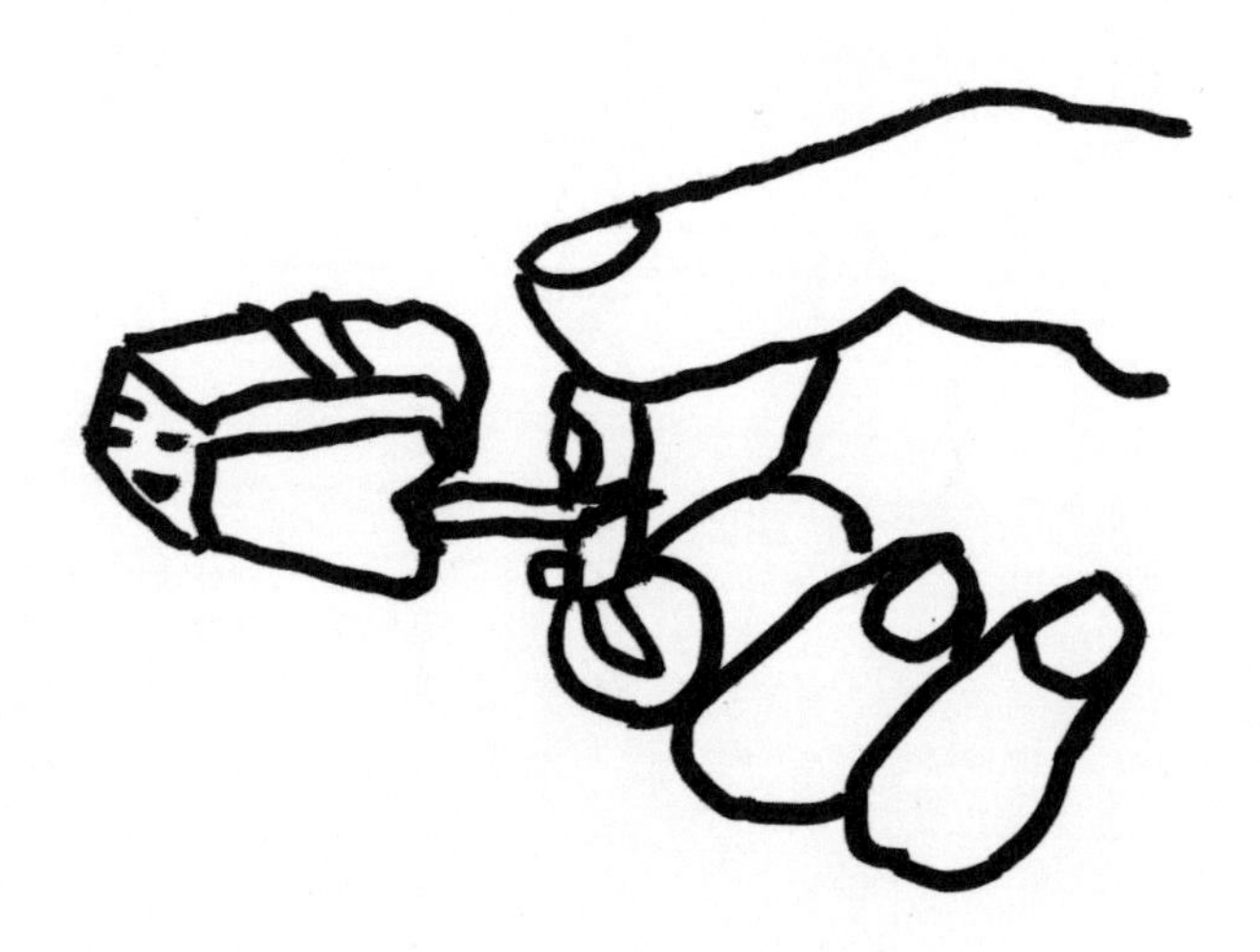

VOL.115

『サル学の現在』とは何か？

プチ鹿島

プチ鹿島（ぷち・かしま）1970年5月23日生まれ。芸人。TBSラジオ『東京ポッド許可局』（土曜日26:00-27:00）出演中。

立花隆さんが亡くなった。享年80。興味関心は哲学、宗教、宇宙、脳科学、サル学など多方面に及び、「知の巨人」とも称された（読売新聞オンライン6月23日）。

私も『サル学の現在』『宇宙からの帰還』など多くを読んだ。ただ立花隆といえば何といっても1974年に文藝春秋誌に発表した『田中角栄研究』だろう。政治とカネの問題を訴え、のちに調査報道のお手本と言われた。これをきっかけに角栄が退陣したことでも知られる。この調査報道については特筆すべきことが2点ある。まず、

《立花さんが取材陣に指示したのは、すでに公になっている政治資金報告書、報道された新聞、雑誌記事、大蔵省発行の「財政金融統計月報」、国会の議事録を集めることだった。それらを丹念に調べていけば角栄の裏金づくりの手法が浮かび上がってくるに違いないと考えたのである。》（元木昌彦『NET IB NEWS』）

立花氏の調査報道はオープンな情報から成り立っていた。もったいぶった内輪の極秘情報よりもオモテの情報だけで勝負したのだ。私は誰でも手に入る新聞や雑誌の読み比べをするだけでもけっこうな事実にたどり着けると考えているが、そのプロが立花隆であった。

そしてもうひとつ重要なことは『田中角栄研究』が発表されたあと、新聞の政治記者たちは「あんなことは知っていた」と言っていたことだ。スキャンダルとは思っていなかったのだ。それだけ記者たちはムラの論理に染まっていたのである。しかしそんな村人たちも『田中角栄研究』を外国メディアが報じて騒ぎになると慌てて報道し始めた。アウトサイダーである立花隆が政治報道のジャンルに風穴を開けたのだ。素晴らしい。

一方、ある年代以上のプロレスファンにとっても「立花隆」という名は忘れられないであろう。1991年の大宅壮一ノンフィクション賞は井田真木子の『プロレス少女伝説』が受賞した。プロレスファンは

たいそう喜んだが、選考委員の立花隆が次のように語ったことを知る。

《私はプロレスというのは、品性と知性と感性が同時に低レベルにある人だけが熱中できる低劣なゲームだと思っている。もちろんプロレスの世界にもそれなりの人生模様がさまざまあるだろう。しかし、だからといってどうだというのか。世の大多数の人にとって、そんなことはどうでもいいことである。》

当時二十歳そこそこの私はこのコメントを読んだとき、息が止まりそうだった。なんて酷いことを言うんだろう。立花隆なら何を言っても許されるのか。いや、本人は辛辣なつもりもなかったと思う。プロレスに対して憎悪をむきだしにしたわけでなく「たまたま」思うところを述べただけだろう。私はそれがいちばん恐怖だったのである。

当時の気持ちを以前に『KAMINOGE』に書いた。そして時間をかけて「無駄だと思えるものからも学べることはある」「半信半疑でのモノの見方の楽しさ」という屁理屈を開発し、やっとプロレス愛を公言できるようになったことも書いた。このくだりは書籍『教養としてのプロレス』にも収録され、20年越しの立花隆氏への反論として少なくない人に読んでもらえた。

そして物語は続く。2016年に文庫化されることになり、私と編集者は一計を案じたのである。いったい何を？

今回初めて言うが『教養としてのプロレス』の帯文、つまり推薦コメントを立花隆氏に依頼したのである。

相当にねじれた変態であるが、それが私たちの完全決着であった。そのオファーは断られたが織り込み済みだった。帯文をオファーした時点で私と編集者による立花隆への「プロレス」（仕掛け）を実行できたからである。まだあの発言を覚えているヤツがいることを立花氏に知らせることができたのである。「俺たちだって生きている」と。ここまでくると変態というか偏愛である。

今回、訃報記事を読むと立花氏はプロレスだけを嫌っていたわけではないことがわかる。文春時代の後輩・花田紀凱氏が東スポで「週刊文春では下っ端でいろんな小間使いをさせられ、関心のないプロ野球の取材をさせられたのも嫌だったようですね」と語っていた。

立花氏はプロ野球にも関心がなかったのだ。フリーになって興味があるものにだけ没頭でき、自分の力で幸せをつかんだ。だからプロレス発言の反響には驚いていたに違いない。私たちも噛みつきすぎたのかもしれない。しかし自分が関心がないものでも誰かにとっては大切なものということを学ばせてくれた。あの一件は無駄じゃなかった。

そういえば立花隆さんには映画『狂猿』を観ていただきたかった。葛西純を観てほしかった。デスマッチをやることで生きる実感をレスラーも観客も得ているのだ。7月5日の後楽園ホールも観客は皆幸せそうな顔をしていた。すばらしき『狂猿』の生態。立花さん、これが私の『サル学の現在』です。「プロレスの世界にもそれなりの人生模様がさまざまあるだろう」。そう、あるんです。立花隆さんにはたくさん学びをいただきました。ありがとうございました。いまでは心から感謝しています。

SPECIAL FEATURE:

BONSAI JIU-JITSU BANZAI

PHOTO:©RIZIN FF

MARRION APPAREL
TDT
THE DICE TEAM
ULTOREX
オリヤマ設備
MARRION
APPAREL
yogibo
Cygames

Yogibo presents RIZIN.28

2021.6.13(SUN) TOKYO DOME

［RIZIN ライト級タイトルマッチ］
RIZIN MMA ルール：5 分 3R
（71.0kg）※肘あり
○ホベルト・サトシ・ソウザ
（1R1 分 12 秒、タップアウト：三角絞め）
トフィック・ムサエフ×
※サトシが初代ライト級王者となる。

サトシが三角絞めで RIZIN ライト級王座奪取 !!

クレベルが三角絞めで朝倉未来を落とす!!

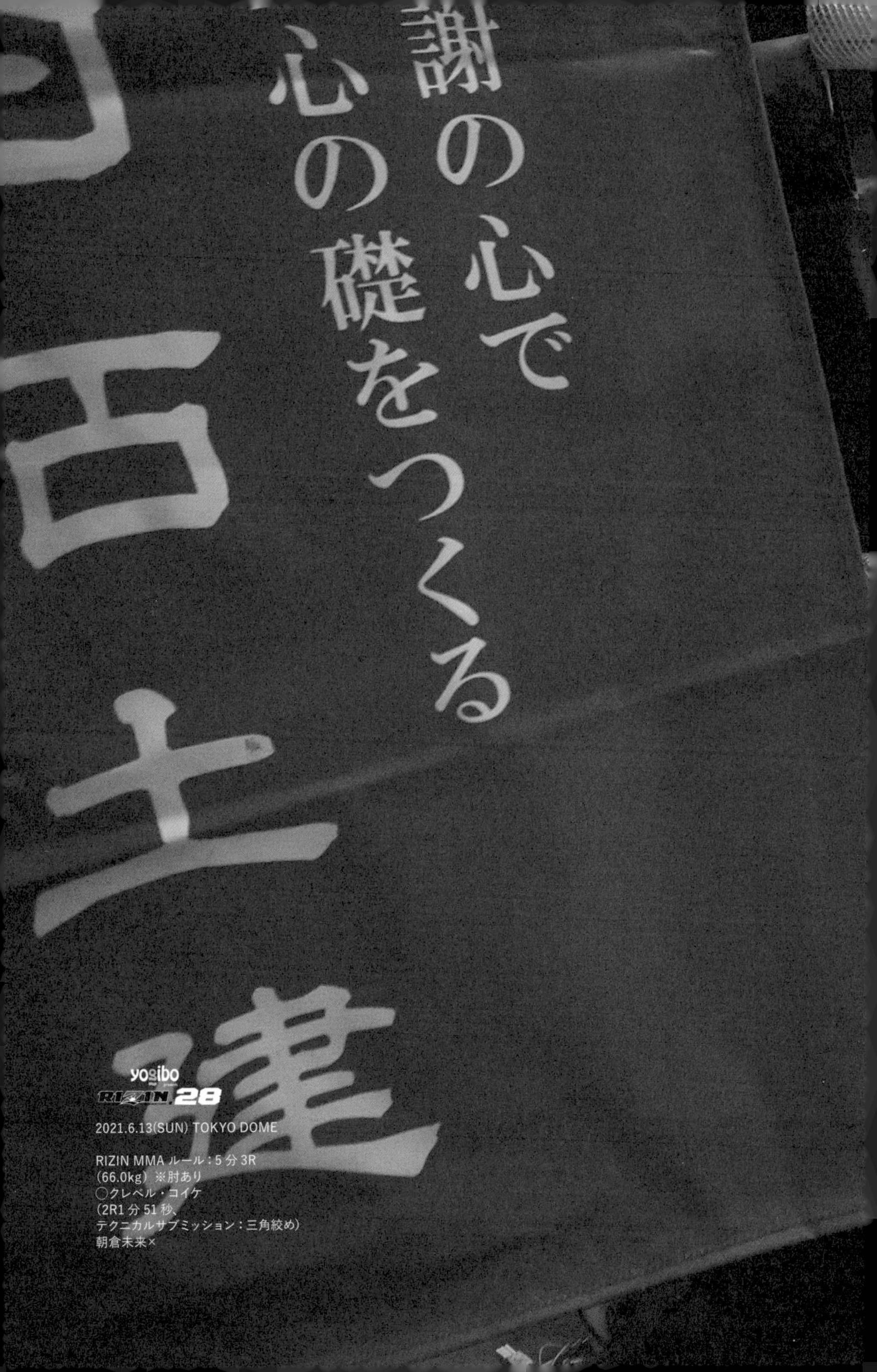

謝の心で
心の礎をつくる

yogibo presents
RIZIN.28

2021.6.13(SUN) TOKYO DOME

RIZIN MMA ルール：5分3R
（66.0kg）※肘あり
◯クレベル・コイケ
（2R1分51秒、
テクニカルサブミッション：三角絞め）
朝倉未来×

RIZIN
HALEO
TOP TEAM
WOOMY
earth water
八王子
ISAMI
BONSAI TEAM

ISAMI
RIZIN
横浜
きぬた歯科
八王子
無
心

MUAYTHAI
Fairtex
DRAGON
Fairtex
RIZIN

RIZIN
earth
water
RIZIN
FIGHTING
Satoshi

RIZIN
FIGHTING FEDERATION
LIGHTWEIGHT CHAMPION

S
BON SAI
JIU-JITSU
REAL
FIGHT
CHAMPIONSHIP
RIZIN
FIGHTING
FEDERATION

「チャンピオンになったからそれで終わりじゃなく、
このベルトを持ち続けることが大事なんだよね。
日本にベルトを取り戻すことができたからRIZIN
そのものももっと大きなものにさせていく。そして今度
は“あの頃のPRIDE”を日本に取り戻したいんだ」

シン柔術マジシャン

ホベルト・サトシ・ソウザ

収録日：2021年7月5日
撮影：タイコウクニヨシ
試合写真：©RIZIN FF
聞き手：井上崇宏

SPECIAL FEATURE:
BONSAI JIU-JITSU BANZAI

東京ドームが揺れた！ 圧巻の
初代 RIZIN ライト級王座戴冠劇!!

RIZIN
FIGHTING FEDERATION
LIGHTWEIGHT CHAMPION
RIZIN
FIGHTING
横浜

「夢を叶えるというのはホントに難しいことなんだよね。簡単に叶えてしまうことができちゃうのはそれは夢ではないよ」

──3年前にQUINTETで大活躍をした直後にインタビューさせてもらって以来になりますね。

サトシ　そうそう、『KAMINOGE』は憶えてる。ひさしぶりです。今回は表紙もって聞いているからもっとうれしい（笑）。

──あー、そう言ってもらえるとボクもうれしいです。ボク、磐田市には初めて来たんですよ。

サトシ　凄く静かでのどかなところでびっくりしたでしょ？（笑）。

──ちょっと早めに着いたのでどこか行こうかなと思ったんですけど、どうやら繁華街みたいなところはなさそうですね（笑）。

サトシ　そうそう。東京だったらなんでも集中してあるけど、磐田の場合は散らばっているから。まあそれが田舎だよね（笑）。

──こっちに来る前に調べたら、磐田市の人口は17万人弱ということで。そのうちブラジルの方はどれくらいいらっしゃるんですか？

サトシ　ちょうどこないだ磐田市長を表敬訪問したんだけど、たしかそのときに市長さんが5000人って言ってたかな。

──あっ、思ったよりも少ないですね。

サトシ　静岡でブラジル人がいちばん多いのは浜松だね。でも浜松も広いから、固まって住んでるわけじゃなくてバラバラにいる感じなんだけど。

──じゃあ、静岡県全体で考えたら、もっとたくさんいる感じですかね。

サトシ　いや、静岡というよりは浜松がいちばん多いですね。浜松にはスズキやヤマハとかの工場が多いから、みんなそこで働いてるよね。

──サトシさんも18歳でサンパウロからやってきて、最初はそういう工場で働いていたんですよね？

サトシ　そうだね。日本に来たときはスズキのプレス工場で1年間働いて、そのときはホントに大変だった。紫帯のときから「このままではムンジアルで勝てないな」と思って。

──この仕事をしながらの環境だと世界選手権では勝てないと。

サトシ　そうそう。だって仕事が朝8時から夜7時くらいまであって、そのあとに練習をしてたから。筋トレの時間もあまりないし、減量することもできないから、日本に来た最初の2、3年くらいまでは大変だった。ブラジルにいた頃、ムンジアルでは青帯のときに優勝することができて、日本に来たときは紫帯。でもボクの夢はムンジアルの黒帯で優勝することだったから。

——そのときに「ブラジルにいたほうがよかったな」って思いました？

サトシ　もちろん、そう思った。やっぱり日本だと工場で働かなければ生活ができなかったけど、ブラジルにいれば、柔術を教えてくれる父もいて、家族も家もあるし、黙っていてもご飯が出てきて、練習環境もいい。柔術の最先端はブラジルにあり、強い選手もたくさんいて、すべてが整っているからね。

——サトシ選手がよく言っている、「日本でも勝てる、日本人は強い」というのは、その日本に来た当初の経験もあってのことなんですね。

サトシ　そうそう、ホントにそう。あとこれは大事なことなんだけど、夢を叶えるというのはホントに難しいことなんだよね。もし簡単に叶えてしまうことができちゃうのであれば、たぶんそれは夢ではないよ。だからボクの場合もこれまでの練習だったり、柔術の試合を何百試合もやってきて、その積み重ねによっていまの自分があると思っているから。

——それがRIZIN初代ライト級のベルト獲得につながったという。

サトシ　でも勝ったあとは「これは夢なんじゃないか」と思った（笑）。

——トフィック・ムサエフに鮮やかな三角絞めで一本勝ち。

サトシ　試合する前は打撃がちょっと心配だったので、打撃を練習していたけど、やっぱり最後はとにかく自分の柔術を信じることにしたんだよ。

——チャンピオンになって、何かまわりの状況は変わりましたか？

サトシ　もう人生のいろんなことが変わってきたような気がするね。試合が終わってから今日までの間、家でゆっくりしている暇もないよ（笑）。今日みたいな取材もそうだし、あとは次の試合の話とかスポンサーの話だったり、新しくボンサイ系列のジムを静岡市にも開いたから、そこのオープニングセレモニーにみんなで行って、デモンストレーションをやったりとか。全部うれしいことなんだけどね、とにかく忙しい（笑）。

——磐田と浜松に続き、静岡市にも支部ができて着々と大きくなっていますよね。ツイッターとかでも見かけましたけど、タイトルマッチが終わってこっちに帰ってきて、すぐにいろんなところに挨拶に行かれてましたよね。

サトシ　それをやるのは自分たちにとって凄く大事なことで、やっぱり感謝の気持ちだけは絶対に忘れないっていうことだよね。自分がこうしてチャンピオンになることができたのは、いろんな人の支えがあったからで、だったらそのみんなに感謝の気持ちを伝えなければいけないと思った。これはいつも言っているんだけど、「ひとりでは絶対にチャンピオンになること

BONSAI

はできない」っていうことだから。試合をする人をみんなで協力して勝つようにすることは、ボンサイでいつもやっていることだからね。

「PRIDEが終わったあと、しばらくは悲しみに暮れていたからね（笑）。RIZINがなかったらMMAは続けていなかったかも」

——場所が東京ドームだったということもあるかもしれませんけど、サトシ選手もクレベル選手も三角を極めて勝った光景を見て、ボクはちょっとだけPRIDE時代を思い出しちゃったんですよ。

サトシ　あっ、そう！　そう言われるのはホントによかった！（笑）。

——PRIDE時代の、まだMMAというよりもそれぞれが自分のバックボーンを前面に出して闘う異種格闘技戦のような、柔術家が関節技で一本勝ちするという当たり前のようなシーンが凄く新鮮に映りました。

サトシ　いま、あの頃の気持ちに戻れたと言われたことはホントいちばんうれしいね。ボクもPRIDEが大好きでテレビで観ていたけど、テレビで観ていても気持ちは特別だったよね。だから、もしもあなただけじゃなくて、みんながあのときの気持ちに戻れたのであれば、ボクにとっても最高だね。しかも三角絞めで勝つことができたというのも特別で、三角は10年前に亡くなったお父さん（アジウソン・ソウザ）の得意な極めだったから。その技を使ってチャンピオンになれたことがホントにうれしかったよ。

——いまMMAで一本勝ちっていうのも減ってきていますよね。

サトシ　そうそう。それはよくクレベルとも冗談っぽく話しているんだけど、「RIZINの試合を観ていると判定が多いよね」って。でも、それはRIZINだけじゃなくてすべてのMMAの試合で判定が多くなってしまっているかな。それが進化なのかどうか、わからない。

——理想のゴールはやっぱり一本ですか？

サトシ　そうだね。それはMMAだけじゃなくて柔術の試合のときもそう。ボクらは極めるために闘ってる。柔術でもポイントを取りに行く選手が多いんだけどね。

——それはサトシ選手が算数が苦手とかっていうわけではないんですよね？（笑）。

サトシ　アッハッハッハ！　いやいや、極めのほうがもっとおもしろいからっていう理由しかないよ（笑）。

——サトシ選手も子どもの頃にお父様と一緒にいつもPRIDEを観ていて、いまこうして後継プロモーションとも言えるRIZINというリングが誕生してよかったですよね。

サトシ　ホントにそう思う。PRIDEが終わったあと、しばらくは悲しみに暮れていたからね（笑）。そのあとDREAMとかもあったけど、RIZINができてまた格闘技が注目されてきているんじゃないかな。

――やっぱり榊原（信行）さんは偉大ですね。

サトシ　そうね。さすが社長は凄いね（笑）。RIZINができたことはボクのキャリアの中でとてもラッキーだったことは間違いないです。もしRIZINがなかったら、MMAは続けていなかったかもしれないね。

――UFCで勝負してみたい気持ちはないんですか?

サトシ　あっ、それは全然ないね。もうずっと日本に住んでいるし、日本に来てからMMAを始めたし、ボクの仕事はすべて日本でやっているから、UFCに行くのはちょっと意味がないね。それはボク個人の気持ち。多くの選手はUFCに出るとか、UFCのベルトを獲りたいっていう夢があるんだろうけど、ボクにはそれがまったくない。PRIDEが好きだったし、RIZINが好きだし、最初はブラジルに帰りたいと思ったけど、いまは日本が好きだし。

――いつも勝った試合のあとにマイクで話す内容が、とてもまっすぐで、日本人よりも日本人らしい心を持った言葉のように思えるんですけど。

サトシ　その日本人の心っていうのは、いまいろんな人が忘れてしまっていることなんじゃないかな。たとえば自分自身の歴史であるとか。

――そしてめちゃくちゃ涙もろいですよね。

サトシ　あー、そうね。それはみんなにもよく言われるんだけど、試合のあとだけじゃなくて試合に向かっていくときもちょっとそんな感じになるね。観ている人たちにとってはただその瞬間の1試合かもしれないけど、ボクらにとっては自分たちの人生がすべて詰まっている。そのことを思い出してしまうんだ。

――入場する前に、裏でお父様の写真を見てから試合に向かわれていますよね。

サトシ　あのときにいつも思い出すことは、自分たちはどこから来たのか、どこに向かって何を目指しているのか、ということ。ボンサイ・ジャパンを始めた頃はホントに小さくて汚い道場だった。そこからコツコツと努力を積み重ねていって、いまのところまで来た。だからお父さんへの想いだけじゃなく、そういう自分たちの歴史なんかも思い出しているんだよ。

――そしてつい涙してしまうという。

サトシ　ホントにいろんなことを思い出すとそうなっちゃう。

――ボンサイはもともと柔術でも一本を極めにいくスタイルだったということで、その姿勢がMMAでも活かされていることが素晴らしいですね。

サトシ　あっ、それはボンサイだからっていうわけでもないんだけど、やっぱりボクやクレベルは自分たちの柔術のスキルの中からMMAにも使えるものをチョイスして、アレンジさせていってるから。古くからある技術を新しく使うっていう。

「『才能がある』って言われるのは自分としてはちょっと嫌かな。なぜなら一生懸命努力してきているからね」

――ボンサイ柔術の姿勢というよりもそれがふたりのスタイルなんですね。クレベル選手は当初からMMAで活躍したいという気持ちがあったと思うんですけど、サトシ選手も「いつかは自分もMMAを」っていう思いはあったんですか？

サトシ　最初にクレベルが出て、そのあとお兄ちゃん（マルコス）が出たから「自分もやりたいな」と思った。それとクレベルが66キロで、お兄ちゃんが77キロだから、70キロの選手がいなかったからね。

――仲間内で階級がかぶらなかった。

サトシ　でも最初は「MMAはちょっとだけやってみよう」っていう気持ちだったんだよ。それは道場で「MMAをやりたい」っていう生徒が出てきたときに、自分がMMAをやったことがないのに「こうやってみたほうがいいと思うよ」って言うのは想像で教えていることになるからね。そうじゃなくて自分が経験してみて、その経験をもとに生徒たちに教えたかったから。

――韓国料理屋が本格中華料理を教えるみたいなことになりますもんね（笑）。

サトシ　そうそう（笑）。だからいまはたくさんの生徒たちがMMAに出るようになってきているけど、自分もMMAをやっているからやっぱり気持ちがわかるよね。パンチを受けたとき、試合に勝ったとき、負けたとき、そのときのことがよくわかるよ。

――いまのMMAでは、いくら柔術が強くても勝てないですよね？

サトシ　ホントにそれはある。

――レスリングや柔道のオリンピックのメダリストがMMAに出ても、すぐに結果を出せるわけではないですよね。

サトシ　そう考えたら、やっぱり自分たちがほかと違うのは、チームの練習内容じゃないかな？　ここにいる選手はみんな、チーム練習に凄く信頼を置いているからね。

――考え方としては、スペシャルな人間が集まっているのではなく、チームがスペシャルな人間を育てているということですか？

サトシ　まずは選手自身の能力もあって、それにチームとのコンビネーションがある感じかな。

——サトシ選手はもともとの才能もずば抜けていたと思うんですけど、だからと言って最初から強いんだろってことではない？（笑）。

サトシ　いやいや、よくがんばっているよ！（笑）。みんなそう言うんだけど、ボクはもう毎日、朝と夜、1日中練習しているんだから。

——冗談です（笑）。天才が努力をしているっていうことですね。

サトシ　たとえば道場にも才能がある生徒はたくさん来るんだけど、続けることができなければそのまま埋もれていってしまうだけだよね。だからボクに対して「才能がある」って言ってくれる人も多いけど、自分からすれば毎日練習して、毎日努力しているから。たとえば白帯の選手がやる腕十字の順番と、黒帯の選手がやる腕十字の順番はまったく同じなんだよね。それとみんなが覚えている三角絞めと、自分が覚えている三角絞めもやっていることは一緒。だけど何が違うか？それはボクは毎日練習してるから。それだけです。

——極めの秘訣は日々の練習の積み重ねでしかないと。どうしてそんなに練習が好きなんですか？

サトシ　それは子どものときからいろんなスポーツをやってきて、サッカーとか水泳、バレーボールと何をやってもすぐにうまくなってメダルをもらったりしていたんだけど、柔術を始めてから試合に出て初めてメダルを獲ったとき、お父さんの目がまったく違ったんだよね。「どうだ、俺の自慢の息子だ！」っていう感じだったんだよ。それがほかのスポーツで優勝してもお父さんは「おめでとう」って言ってくれるんだけど、なんか普通ぐらいの「おめでとう」ね（笑）。

——アハハハハ！

サトシ　柔術で勝ったときだけは、あきらかに喜びの度合いが違うと（笑）。の息子だぞ！」って言って喜んでくれていたから（笑）。

——でも、そうなりますよね。やっぱりお父さんとしては息子に柔術で活躍してほしい。

サトシ　そして、そのお父さんから「才能だけじゃなくて、毎日の積み重ねが大事だ」っていうことを教わったから、練習を一生懸命やることが当たり前になったし、柔術でチャンピオンになっても驕らずにずっと同じことを毎日続けてきているよ。だから「才能がある」って言われるのも自分としてはちょっと嫌かな。なぜなら努力してきているからね。

——天才と呼ばれる人たちは「天才」という言葉を嫌がりますよね。あと子どものスポーツに対するモチベーションというのは、多分に親が喜んでくれるからがんばれるという部分が大きいみたいですからね。

サトシ　ああ、たしかにそれはある。自分にとってもそれが100パーセントだったよ。

——100パーですか。それがサトシ選手にとっては柔術だった。

BONSAI
MIXED MARTIAL ARTS

サトシ　そうそう。お父さんがいちばん喜んでくれるから柔術がいちばん得意になったね（笑）。ホントお父さんはサッカーの大会で優勝してもまわりに何も言わないけど、柔術のときだけは「俺の息子が優勝したんだぞ！」って言っていたからね。

「みんな男として自信を持っている。それは何事においてもそうで、常に自信を持っていて自分を信じているんじゃないかな」

――そのときにお父さんがめちゃくちゃ喜んでくれたことが、サトシ選手の人生を決めちゃったんですね。ちょっとプライベートな話を聞いてもいいですか？　ご結婚されたのはいつですか？

サトシ　４年前だね。

――あの綺麗な奥様とはどうやって出会われたんですか？

サトシ　フェイスブックだね（笑）。

――フェイスブック！　奥様も日系ブラジル人ですけど、もともと日本に住まれていたんですか？

サトシ　そうそう。妻は最初は岐阜に住んでいて、そのあと東京に行って仕事をしていたんだけど、ボクと結婚してこっちに来たんだよ。

――フェイスブックで知り合ってから、どうやって仲良くなっていくんですか？

サトシ　ブラジル人のコミュニティが強くて、みんなフェイスブックを使っているんだよね。それで友達の友達でどんどんつながっていくから。

――そこでサトシ選手からメッセージを送ったみたいなことですか？

サトシ　それは妻ともよく冗談で言うんだけど、ボクが「最初にキミからメッセージを送ってきたでしょ」って言うと、妻が「いやいや、あなたが私の画像にたくさん『いいね』してきたんでしょ！」って（笑）。

――アハハハハ！　いいねの連打で引き込み！（笑）。やっぱり恋愛のほうでも日々努力されるんですか？

サトシ　アハハハハ。ボクはいろんな女性と付き合うとか、そういうプレイボーイではないよ。

――でも柔術のチャンピオンで、このルックスと性格だから勝手にモテるでしょうね。たしかにプレイボーイではない雰囲気は出ていますよ。

サトシ　私は違うけど、お兄ちゃんはプレイボーイだね（笑）。

近くにいたマルコス　えっ、俺？（笑）。

――言われてみると、お兄ちゃんは男の色気をプンプン放出していますもんね（笑）。

サトシ　昔の話だけど、浜松にブラジル人がたくさん集まるクラブがあって、そこに行くとお兄ちゃんのところに女のコの列ができていたりしたから。

――やっぱりモテますよね、そりゃ。

マルコス　い、いまはもう違うけどね（笑）。

――マルコスさんから見ても弟のサトシさんは真面目ですか？

マルコス　うん。すべての面において真面目だね。

――じゃあ、情熱的なブラジル人の中だとサトシ選手はかなり奥手な部類になるですかね？

サトシ　たしかにブラジル人の中では自分は奥手の部類に入るかもしれないね。でも日本人と比べてみると、そういうわけでもないかな。それなりにいく感じ（笑）。

――意外とシュートボクセ・スタイルというか（笑）。

サトシ　アッハッハッハ！　そうそう、シュートボクセだね（笑）。よくクレベルとふざけて「あそこに綺麗な女の人がいるよ。でもクレベル、おまえじゃ無理だな」って言うと、クレベルが「いやいや、そんなことない。俺だったらいけるぞ」って言うから「それならいってみろよ」みたいな感じで言い合ったりもするんだけど、それくらいみんな男として自信を持っていると思うよ。それは何事においてもそうで、常に自信を持っていて自分を信じているんじゃないかな。たとえばここの道場を始めるときも、最初は自分も「ここじゃちょっと無理でしょ。家賃が高すぎるよ」って思ったんだけど、「いや、ここでも絶対にできるよ」って考え直して始めたからね。

――とにかく自信を持つことが大事と。

サトシ　自分の試合が決まったときにかならずチームで話し合うようにしているんだけど、そうすることによってみんなが自分のことを信じてくれるからね。クレベルが去年12月に試合が決まったとき、お兄ちゃんはブラジルにいたんだけど、お兄ちゃんは「じゃあ、俺も日本に戻るから」って言ったんだよね。そうしたらクレベルが「せっかくの休暇中なんだからブラジルにいてくれて大丈夫だよ」って言ったんだ。でもボクはお兄ちゃんがいるといないとではまったく違うことを知っているから、「いや、すぐに日本に戻ってきたほうがいい」って言ったんだよ。こういうコミュニケーションはボクら3人にとっては凄く大事なことで、お互いにお互いの存在を必要としているからね。

――試合のときはかならず一緒にいるということですね。さあ、これからどういう闘いが待っていますか？

サトシ　試合のあとにも話したことなんだけど、チャンピオンになったからそれでいいんじゃなくて、このベルトを持ち続けることが大事なんだよね。自分が「日本にベルトを取り戻す」って言って、実際に取り戻すことができたけど、それですぐまたベルトがどっかに行ってしまったではなくて、ずっと

守り続けなければいけないよ。

――ずっとチャンピオンに君臨し続ける。

サトシ　そしてRIZINというイベントそのものをもっと大きなものにさせていって、今度はあの頃のPRIDEを日本に取り戻したいんだ。

――ああ、それは凄い発想ですね。ベルトの次はPRIDEを取り戻す。

サトシ　それとチームとしてもどんどん成長していって、自分ひとりだけがどんどん上に行くんじゃなくてまわりのみんなと一緒に上に行きたいね。ボクが最初にRIZINに出て活躍をして、そのあとボクがクレベルを引き上げてRIZINに出た。じゃあ、今度はクレベルがヒロ（アラン〝ヒロ〟ヤマニハ）を引き上げてっていう感じで、チームを全体を引き上げていけたらって思ってるよ。

「若いコたちはみんな夢を求めて東京に行きたがるけど、ボクたちはこれからも東京じゃなくてもチャンピオンになれるってことを証明したい」

――たしかにここまでリレー方式みたいになっていますよね（笑）。

サトシ　だからファンのみんなは、そのヒロが次に誰を呼んでくるのか期待しているんじゃないかな？（笑）。

――ボンサイにはもっと軽い階級の選手もいますか？

サトシ　いま高校生のコがいるんだけど、たぶん彼もそのうち出てくるんじゃないかな。カイセイ（氏原魁星）っていう日本人のコなんだけど、彼は小学生から柔術を始めて、ずっとボクらの背中を見て育ってきたからね。最初は柔術だけやっていたんだけど、ボクらを試合を観てMMAを始めたんだ。すでにアマチュアで3試合やって、全部1ラウンドで一本勝ちなんだよ。

――どこの大会ですか？

サトシ　公武堂ファイトのアマチュアの試合だね。1週間前にも試合したんだけど（6・27『アマチュアDEEP公武堂ファイト42』）、三角で極めて勝ってたよ（笑）。

――三角はそこまで連鎖していましたか（笑）。

サトシ　ただ、まだプロで試合をやっていないから、もうちょっと時間がかかるかもね。プロになっていきなりRIZINっていうわけにもいかないから、まだまだ先になると思うけど楽しみだね。

――毎日当たり前のように練習をやり、これからももっと強くなること以外に、お金を稼ぎたいというモチベーションも高いですか？

サトシ　お金とか家族とかはいろいろね。いまはふたりの娘の将来も考えているので。

――家族を豊かにする。娘さんはまだちっちゃいですよね。

サトシ　そう。上のコが4歳で下のコが2歳ね。でも自分の家族だけじゃなくて、ボンサイにいる生徒たちの中には会社を辞めて柔術をやっているコもいるので、そういったところもよく考えたりしているよ。子どもの生徒たちもたくさんいて、その中に将来MMAをやりたいっていうコも増えているから、そのコたちの道もボクたちで開いていきたいと思っているんだよ。そうやってボンサイをどんどん広げていったら、そのコたちも選手をやりながら支部の先生としてもやっていけるよね。

――いま現在とか近い未来のことだけを考えているわけじゃないんですね。5年後、10年後のこととかまで。

サトシ　そうそう。だから、まだまだやらなきゃいけない仕事がたくさん残っているよ。

――自らRIZINを盛り上げていき、そのRIZINでボンサイの生徒たちが活躍していく未来って最高ですね。

サトシ　そうなんだよ。だからボクがいつも言うのは「大きい夢を持つこと」。さっきも言ったけど、ちっちゃい夢はすぐに実現しちゃうからあまりおもしろくないし、それは夢じゃない。いまの自分にはそういう大きな夢ができたから、それに向かって自分も凄くがんばれる。ボクが3年前に「RIZ

INのチャンピオンになる」って言ったとき、まわりには「あぁ、それは難しいだろうな」とか「それは大きな夢でしょ」って言われていたんだけど、それがいまできた。そのとき、そう言っていたまわりの人たちには「とにかく3年待ってて。そのときにまた話をしようよ」って言っていたんだよね（笑）。

――めちゃくちゃカッコいい！（笑）。いまほしいものって何かあります？

サトシ 普通なら家がほしいとか、クルマがほしいってなるんだろうけど、家は3年前に買ったし、ちょっと前に新しいクルマも買ったんだよ（笑）。だからいまいちばんほしいのは、自分が教えている浜松のジムをもっと大きくすることだよね。

――この磐田のジムくらいのサイズがほしいですかね。

サトシ そうそう。このくらいのジムがほしいね。

――この広さって、東京の一等地だったら月の家賃300万くらいしますよ（笑）。

サトシ 絶対そうだと思う（笑）。

――じゃあ、サトシ選手はこれからもずっと浜松や磐田にいると。

サトシ そうだね。その気持ちは変わらない。東京や名古屋は遊ぶだけのところで、住むのはやっぱり田舎のほうが落ち着くからいいなって思うよ。

――3年前にインタビューしたときは、東京のHALEOのジムに来るかもっておっしゃっていましたよね。

サトシ あー、HALEOにもたまに行くけど、それは短い期間だけだね。やっぱり日本に来たときから磐田や袋井にいたので、こっちの友達も多いし、ボクは生徒たちが好きだから。

――日本にいても柔術の世界王者になれるし、ここにいてもRIZINのチャンピオンになれるということですよね。

サトシ どうしても若いコたちはみんな夢を求めて東京に行きたがるでしょ。やっぱりウチのコにもいたんだよ。

――「東京に行かないと強くなれない」と。

サトシ それで実際に東京に行っちゃったコも何人かいるんだけど、ボクたちはこれからも東京じゃなくてもチャンピオンになれるってことを証明したいよね。

――だって、東京にいても「アメリカに行かなきゃダメだ」って言いますからね（笑）。

サトシ そうそう（笑）。

――ひょっとしたら、これからは逆に東京の選手がこっちに移り住むっていう流れも出てくるかもしれませんね。

サトシ ああ、それはどうだろう？ でも「ホントに何もないよ。練習だけだよ」ってことだけは来る前に知っておいたほうがいいかもね（笑）。

ホベルト・サトシ・ソウザ（ROBERTO SATOSHI DE SOUZA）
1989年9月19日生まれ、ブラジル・サンパウロ州出身。柔術家・MMAファイター。初代RIZINライト級王者。ボンサイ柔術所属。
ボンサイ柔術の創始者アジウソン・ソウザの三男として生まれ、父の指導のもと幼少期から柔道とブラジリアン柔術を学ぶ。世界柔術選手権青帯メジオ級・アブソルート級で二階級制覇を達成したのち、2007年9月に兄のマウリシオ・ダイ・ソウザ、マルコス・ヨシオ・ソウザを追って来日し、18歳で静岡県浜松市に移住。ブルテリア格闘技ジムで練習と指導を行う。柔術で数々の世界タイトルを獲得し、2013年10月20日、『Real Fight MMA Championship3』でMMAデビューを果たす。2016年6月12日、『REAL.5』のスーパーライト級王座決定トーナメント決勝でZUZUを腕十字固めで破り、同王座を獲得。2019年4月21日よりRIZINに参戦し、北岡悟、廣田瑞人、矢地祐介、徳留一樹に勝利し、2021年6月13日、『RIZIN.28』でのRIZIN初代ライト級王者決定戦で、RIZINライト級ワールドグランプリ王者のトフィック・ムサエフから三角絞めによる一本勝ちを収め、初代王座を獲得した。

グリーン・コーポ
98-66

「家族と会っている時間よりもジムの生徒たちの顔を見ている時間のほうがよっぽど長いんだ。自分にはそこまで才能があるとは思っていないが柔術には100パーセントの力を注ぎ込んでいる。だから絶対に試合に勝つ。負けても絶対にリベンジするまでやる」

柔術界の鬼神

クレベル・コイケ

収録日：2021年7月5日
撮影：タイコウクニヨシ
試合写真：©RIZIN FF
聞き手：井上崇宏

SPECIAL FEATURE:

BONSAI JIU-JITSU BANZAI

朝倉未来に衝撃の失神一本勝ち!
ボンサイ破門のピンチを乗り越え
ついにRIZIN王座に王手!!

「中学校で同じブラジル人の子どもが凄くいじめられてると聞いた。『すぐにでもブラジルに帰りたい』と思ったよ」

――ＹｏｕＴｕｂｅを始められましたよね。観てます（笑）。

クレベル　アリガトウゴザイマス（笑）。

――ＹｏｕＴｕｂｅはやってみてどうですか？

クレベル　自分たちにとってはまったく新しい世界なので、もうすべて勝手が違うよね。だけど、いまはＹｏｕＴｕｂｅの時代だから、もっと前からやっておけばよかったなって思ってる。自分のことやジムの名前を広めたりすることにこれは使えるなって。

――そうですよね。格闘技ファンとかではない、まったく違う層を取り込めますからね。

クレベル　もともとフェイスブックやインスタグラムはやっていたんだけど、ＹｏｕＴｕｂｅを観てくれる人たちはそのフォロワーともまた違う人なんだよね。そういう人たちを捕まえるためにもっと早くからやるべきだったなと思った。

――ＹｏｕＴｕｂｅでよくファイターたちが試合の勝敗予想をやるじゃないですか。クレベル選手もこないだの6・27『ＲＩＺＩＮ.29』の勝敗予想をやっていて、最初に矢地祐介vs川名ＴＥＮＣＨＯ雄生戦で「矢地が1ラウンドＫＯ勝ち」って言ったあとに「こっちの人は試合を観たことがない」って言ってて、「そんな予想あるのか！」って衝撃でしたよ（笑）。

クレベル　アハハハハ。たしかにそれはいろんな人から言われたよ（笑）。

――「ちゃんとやれ」って言われましたよね？（笑）。

クレベル　でも、あれは誰かに言われてウケ狙いとかでやったわけじゃなくて、ホントに自分がそう思っただけなんだよ。

――逆にヤバイですよ（笑）。まあ、素のままを自分を見せていこうってことなのかな。それと一緒に出ているアド・ニシハラさんっていう方が気になるんですよ。ちょっとルックスもいいし、タレント性があるというか（笑）。

クレベル　アドは本業がクルマ屋さんで、普段からお店のクルマを宣伝するために動画を撮ってるから手伝ってもらっているんだよ。

――そうなんですね。いま登録者数はどれくらいですか？

クレベル　始めて3週間で4万２０００人かな？

――ああ、いい感じですね。まだ上げている動画も数本ですもんね。

クレベル　あっという間にそこまでいったから、余計にもうちょっと早くからやっておけばよかったなって思っていて。ホントＹｏｕＴｕｂｅをやり始めてからまったく違う世界の人たちからも自分の名前が知られるようになっているのを凄く感じているから。

――動画の中でもおっしゃっていましたけど、朝倉未来選手がそのYouTubeで人気者となったことで格闘技の人気も上げてくれたと。

クレベル　そうだね。彼が日本のMMAを有名にしてくれたし、ファンをたくさん引き込んでくれたのは間違いないと思う。

――その朝倉未来戦での勝利、おめでとうございます。

クレベル　アリガトウゴザイマス。いま自分の名前が有名になったのも朝倉未来のおかげだよね。サトシがチャンピオンになり、そして自分も有名になって、いろんなことがすっかり変わっちゃった。

――「朝倉未来に勝った男」ということで広く知られるようになったと。

クレベル　MMAのことをよく知っている人たちならボクのことは前から知っていたと思うけど、MMAのことをあまり知らない人たちは誰もボクのことなんて知らなかった。でも、いまではMMAにまったく興味のない一般の人たちでもボクのことを知ってくれている。やっぱり全国放送のテレビで中継されたことって大きいんだね。道を歩いていたら、いろんな人から声をかけられるようになっちゃった。

――それはクレベル選手にとって気持ちがいいことですか？

クレベル　いろんな人から声をかけてもらえるのはうれしいよ。そのときによく「あっ、そんな格闘技をやっているような人には見えないね」ってよく言われるんだけど（笑）。

――普段は物静かですもんね。

クレベル　いまの状況でこうだから、これでRIZINでチャンピオンになったらもっとうれしい気持ちになれるんじゃないかなって思っているよ。

――クレベル選手は14歳で日本に来たんですよね。

クレベル　2003年くらいかな。のちに凄く景気が悪くなるんだけど、そのときはまだそんな感じでもなかったと思う。

――リーマンショックが5年後の2008年ですね。こっちの中学校では日系ブラジル人がいじめられているというので、学校に行かなくなったと聞きましたけど。

クレベル　お父さんとお母さんが出稼ぎのために日本に来て、自分はまだ子どもだったので日本で勉強ができると思っていたんだよね。だけど行くはずの学校に自分と同じブラジル人の子どもがいて、その子たちが凄くいじめられてるという話を聞いたんだよ。

――そこは普通の日本の中学校ですね？

クレベル　そう。だから日本に来たばかりのときは「すぐにでもブラジルに帰りたい」と思ったよ。

「14歳でニワトリを機械に入れてササミの形にする工場でアルバイトをしていて。そのあとにやったのが犬の散歩のアルバイト」

――そうなりますよね。

クレベル　最初に住んだのがこの磐田市なんだけど、ホントまわりに田んぼと畑しかないような田舎だったから来たときはマジでビックリして（笑）。

――それで学校に行けばいじめがあるし。

クレベル　その話を聞いて、「学校に行きたくないな」って思って。

――でもクレベル選手はいじめられなかったでしょう？

クレベル　いや、いじめられるも何も学校に行ってなかったから（笑）。

――えっ、中学は数日ほど行っただけ？

クレベル　いや、1日も行ってない。そんな話を聞いたら行く気にならないでしょ（笑）。

――あっ、まったく行かなかったんですね（笑）。クレベル選手も昔はヤンチャだったと思うんですけど、そういういじめがあるという話を聞いて、「ブラジル人をいじめるような日本人はやっつけちゃえばいいんだ」っていう気持ちにはならなかったですか？

クレベル　そりゃちらっとは思ったけど、それを自分がやっちゃったら、もっと大変な問題になってしまうのかなと思ったよね。それにブラジルのほうでもそういったいじめは普通にあったからね。

――世界中どこでもあることなんですね。

クレベル　むしろ日本よりもブラジルのいじめのほうが最悪だと思う。日本だと外国人だからってことで「ブラジルに帰れ！」とか口でのいじめが多いんだけど、ブラジルの学校では暴力があるので。殴り合いのケンカなんていうのは当たり前だから。

――14歳で学校に行かず、毎日何をやっていたんですか？

クレベル　もうその歳から働いていたね。ニワトリを機械に入れてササミの形にする工場でアルバイトをしていて。でもそこで働いたのはちょっとの間だけで、そのあとにやったのが犬の散歩のアルバイト。

――なんかその話も聞きました（笑）。犬の散歩のバイトっていうのは、お金持ちの家の犬とかですか？

クレベル　近所に犬をたくさん飼っている人がいたんだよ。その人から「犬の散歩をしてきてくれたらお金を払うよ」って言われて。記憶だとたしか最初の月に2、3万円もらったのかな？

――なかなか悪くないですね（笑）。

クレベル　ただ、自分は虫とかが嫌いだったので散歩中に虫と出会いたくないなとか、あと犬に噛みつかれないかとかそこが怖くて（笑）。

――えっ、犬が怖い？（笑）。

クレベル　トテモコワイ……。

――じゃあ、散歩に連れて行くのも大変じゃないですか（笑）。

クレベル　その家には犬が2頭いて、散歩は朝晩2回やっていたけどね。

――それで2、3万円は子どもにとってはいいアルバイトですよね。

クレベル　でもやっぱりサボりたくなるときもあるから、そのときはスケートボードを持って行って、自分がスケボーに乗って犬に引っ張ってもらったりとかしてたよ（笑）。

――最高ですよ。格闘技は7歳からサンパウロで柔道をやっていて、日本に来てからは天竜市のブラジリアンコミュニティの柔道クラブに通っていたんですよね？

クレベル　そう。ブラジル人の先生が教えている柔道クラブがあって、そこに通っていたんだけど、じつは日本に来たときに最初にやったのは柔術で、それからちょっとして柔道も並行してやるようになった感じ。

――その柔術をやるようになったのも日本に来てかららしいですね。柔道のほうはそこまで強くはなかったんですが？

クレベル　柔道は黒帯を取る試験が受けられるところまでいったんだけど、自分の中で「中途半端な黒帯」になるのが嫌で辞めたんだよね。でも柔道自体はいまでも好きだけど。

――黒帯が取れそうになるくらいまではやっていたんですね。

クレベル　でも自分では柔道はそんなに強いとは思っていなくて。普通の感じだね。

――それから柔術、そしてMMAでいこうと思ったと。

クレベル　当時の先生だったマウリシオ（・ダイ・ソウザ＝マルコスやサトシの兄）から「柔道と柔術、ふたつのことを同時に成し遂げるというのはなかなかできないことだ。どっちか選んだほうがいい」って言われたんだ。それで自分は柔術のほうを選んだ。その頃はまだMMAというのは頭にはなかった。

「自分が外でケンカをしてきたことがマウリシオ先生の耳に入ると、ジムのスパーリングでいつもボッコボコにされていたんだ」

――そこで柔術一本でいこうと。

クレベル　もちろんそれはレベルにもよる話で、一般的なレベルでやるのであれば柔道と柔術の両方を同時にやることもできると思うけど、自分が目指していたのは世界チャンピオンになることだったので、たしかにそれを成し遂げるためにはふたつのことを同時にやるのは無理だなと思ったね。いまはMMAファイターになって柔術の大会には出ていないけど、それも同じ話で柔術とMMAの両方をやっていくのは難しいことだよね。

——いまは完全にMMAだけをやっている。

クレベル そうシフトチェンジしたんだよね。

——クレベル選手のお兄さんのクリスチャン・コイケさんは、クレベル選手よりも強かったらしいですね。

クレベル 兄は柔道でも柔術でも、すべてにおいて自分よりも上だったよ。歳は1年半ほど上でね。だけど子どもができて、結婚をすることになって、それで兄は人生のプランを変更する必要が出てきて、それで選手は辞めちゃったんだよ。

——お兄ちゃん、復帰してRIZINに出ないですかね？（笑）。

クレベル 兄は柔術の大会にもよく出ていて強かったんだけど、MMAはやったことがないんだよ（笑）。

——「兄貴のほうが全然強い」って、ホイスとヒクソンのような関係性に似ていていいなと思ったんですけど（笑）。

クレベル いま兄は豊橋でコイケジムという柔術のジムを開いているんだよ。そのジムはボンサイ柔術の支部にもなっていて、兄はいまそのジムの経営に集中しているから、ちょっとファイターとしてやるのは難しいかな？

——諦めました（笑）。それでクレベル選手が柔術一本でがんばろうとなったときに、同い年のサトシ選手という存在がいて。これは仮説ですけど、そこでサトシ選手の強さを目の当たりにしたクレベル選手は「俺はMMAでやっていこう」という思いに至ったのかと思うんですけど、それは違いですか？

クレベル いや、自分はもともと子どもの頃からケンカが好きだったんだよ。

——やっぱりケンカは好きだったのね（笑）。

クレベル だからMMAがどういうものか試してみたいという気持ちがあったんだ。たとえばテレビでサッカーを観ているときに「なんだ、アイツ！　ヘタクソ！」とかって素人が文句を言ったりするよね。自分はそうやってやったこともないくせに文句を言ったりすることが嫌いだったので、じゃあ実際にファイターとして経験してみたくなったんだよ。それで相手をノックアウトしたり、されたりを体験することによって初めて試合を観たときにそんな好き勝手なことを言えるんじゃないかなって思って。

——我々としてはちょっと耳の痛い話ですよ。

クレベル でもサトシたちのことを間近で見て「レベルが違う」と感じたのはたしかだよ。なので、自分がムンジアルのチャンピオンになるためにはサトシと同じくらいのレベルにならなきゃいけない、そのためにはどれくらいの練習が必要なのかって考えたとき、自分はMMAを選択した。そしてその

選択は間違っていなかったと思っているよ。

――ケンカが好きだった頃の話もちょっと聞きたいですね（笑）。

クレベル　ムカシネ。いまはそこまで好きじゃないよ（笑）。

――以前、トラブルを起こしてジムを破門になりそうになったことがありましたよね？

クレベル　あのときはケンカをやって問題を起こしてしまったことで、マルキーニョス（マルコス）を怒らせてしまったんだよ。ただ、それは友達がいじめられていたのがホントに許せなくて、それでケンカをしてしまったんだ。自分はこれまで、たとえば道を歩いていて「アイツ、なんか気に食わないな。ぶん殴りたいな」って自分からケンカをするようなことはいっさいなかったと言い切れる。だから常に友達を守ろうとしてケンカに巻き込まれてしまったとか、そういうことばかりだよ。それでいまはそういうことが理由でもやらなくなって。

――マルコスさんが怒るくらい相手をボコボコにしてしまったっていうことですよね。もうちょっと詳しく教えてください（笑）。

クレベル　アッハッハッハ。いや、あのときはマルキーニョスにも怒られたんだけど、いちばん厳しかったのはマウリシオ先生。自分が外でケンカをしてきたことが先生の耳に入ると、ジムのスパーリングでいつもボッコボコにされていたんだ。

――マウリシオ先生がめちゃくちゃ厳しいから必然的にマルコ

スさんがクレベルさんを怒る役をやっていたわけですね。

クレベル　怒られたときによく言われたのは、「ケンカで使うために格闘技を教えたわけではないぞ」と。とにかく格闘技をケンカに使うことに対してもの凄く怒られた。

「朝倉未来選手は自らワルの道を選択して進んで行ったと思うが、自分にとってはワルにカッコいいもカッコ悪いもない。ワルはただのワル」

——その破門されそうになったのはいつぐらいの話ですか?

クレベル　えーと、12年くらい前かなあ。

——あっ、少年時代の話じゃなかったんですね!(笑)。

クレベル　まあ、そうなるね……(笑)。たしかに自分はいままでたくさんの間違いを起こしてきたし、そうやって大人になってからもちょっと問題があったことは自分でも自覚している。でもケンカをしたときというのはかならず自分が正しいと思ってやっていたんだよ。たとえば自分の友達や大切にしている仲間が目の前でいじめられている、もしくは陰でいじめられていると知った場合、自分は冷静に仲間を助けることが正しいことか、間違ったことかを分けて考えることができていたし、もしくは道を歩いてるときに、自分がまったく知らない人が誰かにいじめているところを見かけたとしても、そこで自分は無視することができないんだよ。だけどいまはもう絶対にそんなことはできないし。

――微妙ですけど、それもやり方によってはアウトという世の中ですからね。

クレベル　でもやっぱり、いまでも自分がそういう状況に遭遇してしまったら、止めには入るかもしれない。そこは難しいよね。

――先ほど、日本に来たときにすぐにブラジルに帰りたいと思ったということですが、やっぱり最初は日本が嫌いでしたか？

クレベル　あっ、それはでもまわりに田んぼと畑しかなかったからつまんないなってことでブラジルに帰りたいと思っただけ。その1年後には磐田市内のもっと中心部のほうに引っ越したから、そこからいろいろ自分の気分も変わってきて。ただ、自分もちょうど思春期で難しい年頃だったから、それはブラジルにいたとしても同じだったと思うんだよね。

――日本にはご両親と一緒に来られたんですか？

クレベル　いや、最初に両親だけ日本に来て仕事をしていて、その1年後に兄と一緒に来たんだよ。

――先にご両親が日本に行っていた1年間は、ブラジルではおじいちゃんやおばあちゃんに面倒をみてもらっていたんですか？

クレベル　おじいちゃんとおじさんだね。それで両親が日本での生活も落ち着いてきたと判断して、父が自分たち兄弟も呼んだんだと思う。その頃に「義務教育も受けていない日系ブラジル人が、日本で生きていくためにはギャングにでもなるしかない」という言葉を聞いたことがあって。

――アウトローとして生きていけないと。

クレベル　朝倉未来選手もワルの道を進んできたそうだけど、彼は自らその道を選択して進んで行ったと思う。日本の若い人たちにとっては、そういったギャングだったりチンピラみたいなのがカッコいいと思われている。自分はまったくそうは思わないけど、日本で暮らしている外国人にとっては生活のすべてが大変なんだよ。自分は不良やギャングをカッコいいとは一度も思ったことがないし、あこがれたこともないけど、どうしても自分の身や仲間を守るためには闘うしかなかったり、あるいはそういう状況に巻き込まれたりするんだよ。だから自分たちの場合は不良にあこがれてるからではなく、そうならざるを得ない状況があったということなんだよ。

――そういう手段でしか生きていけなかったというか。

クレベル　だから自分にとってはワルにカッコいいもカッコ悪いもない。ワルはただのワルだ。

――なるほど。という意味で、朝倉選手とクレベルさんの試合は好対照な対決だったんですね。不良対決ではなかったと。

クレベル　そうですね。なりたくてなったワルと、ならざるを得なくてなったワルとの違いがあります。自分はワルで有名にはなりたいとは思いませんでした。自分が有名になるならいいことをして有名になりたいと思っていました。

――日系ブラジル人のコミュニティの中でギャングのチームみたいなのがあったりするんですか？

クレベル　よくわからないけど、あったとしてもそんなにたくさんではないと思う。そういう話はあまりしないからよくわからないし、関わりがないから。たとえあったとしても見たくもない。

――クレベル選手たちのように柔術やMMAでがんばって活躍している姿を、同じ日系ブラジル人たちにも見せたいという思いはありますか？

クレベル　もともと自分はファイターとして日本に来たのではなく、あくまで働くため、生活をするために家族と一緒に出稼ぎに来たのに、こうしていまプロのファイターとして活動できていることについてはとてもうれしく思っているんだよ。ただ、サトシやマルキーニョスはお父さんが柔術の先生であり、子どもの頃からやっているからファイターとしては成功する可能性は十分にあったけど、自分は彼らと違って成功できないんじゃないかと言ってきた人間もいたんだ。だからこそ自分もできるということを見せたかったたし、いまは見せることができていると思っているよね。

――さっきマルコス選手に、クレベル選手は性格的に試合前にトラッシュトークなどをすることがあまり好きではないと聞きました。

クレベル　たしかに自分はそういったものがあまり好きではない。人によってはそういう態度をとることがカッコいいと思う人もいるとは思う。たとえば相手からそうやって仕掛けられて挑発されてきたら、自分も好きではないけど「おまえを絶対にぶっ倒す！」とかってやらなければいけないとは思う。でもまあ、そうやって相手から言ってもらったほうがムカついて、試合への気持ちのスイッチが入るからありがたいかな（笑）。

「最近始めたのはジェットスキーでオートバイとかサバゲーも好き。家の中でじっとしていられないんだよ（笑）」

――挑発がガソリンになるわけですね。

クレベル　そうそうそう。

――YouTubeでも謝っていましたけど、三角絞めで未来選手を落としたあと、ちょっと興奮気味に未来選手に向かって言葉をまくしたてていましたよね。あのときはかなりの興奮状態だったんですか？

クレベル　ホントにあの瞬間のことはまったく憶えていないんだ。ただ、まさに未来選手とは試合前にトラッシュトークをしてきたという経緯もあったから、自分は闘いの中に入り込んでいたんだなとは思う。ファイターというのは、試合となるとたくさんのプレッシャーがかかるもんなんだよ。

——そのプレッシャーから解放された瞬間に爆発してしまう。

クレベル　それはいつもそうで、試合が終わった瞬間にすべてから解放されるんだよ。ファイターというのはその試合の瞬間だけを切り取られてしまいがちだけど、そこに至るまでに毎日のハードな練習があり、遊ぶこともできなければ家族と会うこともできない中でやっているんだよ。自分はジムが好きだし、練習も好きだけど、それも毎日続くと心も身体も疲れてきてストレスが溜まってくるんだ。そのストレスやまわりからの期待のプレッシャーから解放された瞬間というのは、かなりの興奮状態であることは間違いないね。

——未来選手は想像通りの強さでしたか？　それとも想像以上に強かった、あるいは弱かったですか？

クレベル　イメージしていた通りの素晴らしい選手だった。実際に闘ってみて彼は凄く強い選手だと感じたし、ここまで活躍しているのも理解できたね。

——その上で自分が勝つと思っていて、実際にその通りになったということですね？

クレベル　そう。1日に1回とか1週間に1回とかではなく、自分はずっと毎日練習して、家族と会っている時間よりもジムの生徒たちの顔を見ている時間のほうがよっぽど長かったんだ。正直、自分にはそこまで才能があるとは思っていない。ただし、柔術には100パーセントの力を注ぎ込んでいる。柔術を始めたときはまったく上達しなくて、「なんて才能がないんだ」と落ち込んだこともある。それでも常に修正を繰り返してきて、いまでもスパーリングで誰かに負けたとしても、「もう1回やろう！　もう1回やろう！」って自分の課題が修正されるまで何度も繰り返しやり続けるんだ。あるいは試合で負けたらすぐに練習を始めて、たくさん練習をして絶対に相手に勝つ、リベンジするまでやる。

——それは普段の生き方でもそうですか？

クレベル　いや、ほかのことなら誰かにどうやって負けようがまったく気にもならない。柔術とかキックボクシングの格闘技についてだけ、自分はもっともっと修正してよくなっていきたいと思っている。

——次はもちろん、斎藤裕選手が持つフェザー級のベルトに挑戦したいと思っていますか。

クレベル　朝倉選手と闘うまではあまり自分のことは知られていなかったし、ここまで試合で勝っていても「たまたまだ」と思われていたと思う。だけどいまは違う。斎藤選手とタイトルマッチをやって、自分が勝つことができれば、ファンのみんなは自分のことを真のチャンピオンだと認めてくれると思っているんだ。いまはYouTubeとかもやっているけど、いちばん集中していることはRIZINのチャンピオンになることだよ。

——次戦でタイトルマッチが組まれると思っていますか?

クレベル それは絶対に起こりうると思うし、それ以外に道はないとすら思っている。それは自分だけじゃなくファンのみんなもそう思っているはず。RIZINも最初は自分のことは半信半疑で、おそらくカイル・アグォン選手にやられるだろうと思っていたんじゃないかな。だけど自分が勝ち、次の摩嶋一整選手との試合でも摩嶋選手が勝つだろうと思われていたところで自分が勝った。だったら朝倉選手なら自分に勝つだろうと思われたのかもしれないけど、その朝倉選手にも勝った。これはすべて現実として起こっていることだから次はタイトルマッチしかないはずだよ。

——わかりました。最後にプライベートでの趣味はなんですか?

クレベル 趣味はたくさんあって、いちばんは妻と子どもを連れてどこかに遊びに行くことだね。それと最近始めたのはジェットスキー。

——海で乗るんですか?

クレベル 海とか川で。あとはオートバイに乗ることとかサバゲーも好きだね。

——常に動くことが好きなんですね。

クレベル 家の中でじっとしていられないんだよね(笑)。

——ああ、いいですね(笑)。

クレベル 昔から試合も同じで、ずっと止まれないんだよ。サバゲーでもそうだし。

——サバゲーでじっとしていられなかったら撃たれないですか?(笑)。

クレベル 動くことが好きで、じっとしていられないというのは自分の人生そのものだよ。

——ではクレベル選手、次はチャンピオンになったときにお会いしましょう。

クレベル そうしよう。今日は東京からわざわざありがとう。ヨロシクデス!

クレベル・コイケ（KLEBER KOIKE ERBST）
1989年10月16日生まれ、ブラジル・サンパウロ州出身。柔術家・MMAファイター。ボンサイ柔術所属。
7歳から柔道を始め、14歳で両親を追って来日後、ボンサイ柔術に入門して柔術を始める。2008年9月28日、『Club DEEP浜松2008』でMMAデビュー。2015年6月27日、『Pebel FC 3』のフェザー級GPで芦田崇宏、ミゲール・トーレスからそれぞれ一本勝ちをおさめフェザー級王者に輝く。2017年5月27日、『KSW 39』でのKSWフェザー級タイトルマッチで王者マルチン・ロゼクから判定勝ちをおさめ、第3代KSWフェザー級王座を獲得。2020年12月31日、RIZIN初参戦となった『RIZIN.26』でカイル・アグォンからダースチョークで一本勝ち。2021年3月21日、『RIZIN.27』で摩嶋一整に三角絞めで一本勝ち。2021年6月13日、『RIZIN.28』で朝倉未来を三角絞めで失神させて一本勝ち。現在RIZIN3連勝中。

Bullterrier
RIZIN
HALEO
TOP TEAM
WOOMY
yogibo
RAKU

SECOND

「盆栽を育てていくためには毎日の手入れがとても大事であり、難しい。チームもみんなで気をつけて手入れをしていかないとちゃんと育たないんだ。ずっと父が言い続けてきたこの考えがボンサイチームの強さでもあると思っているよ」（マルコス）

ボンサイ柔術の天才

マルコス・ヨシオ・ソウザ

ムンディネロ代表取締役

坂本健

収録日：2021年7月5日　撮影：タイコウクニヨシ
試合写真：©RIZIN FF　聞き手：井上崇宏

SPECIAL FEATURE:

BONSAI JIU-JITSU BANZAI

一蓮托生！ 一心同体！
ボンサイチームの知られざる友情秘話 !!

CENTRO DE LUTAS
ADILSON
Bullterrier
The Real Deal
阿修羅

「大事な人たちが近くにいるときが幸せだから場所は関係ないかな。仲間と一緒がいちばんいい」（マルコス）

――「マルコス」と「マルキーニョス」、どっちでお呼びしたらいいですか？

マルコス　ホントの私の名前はマルコス。でもみんなはいつもマルキーニョスって呼ぶね。

――マルキーニョスはニックネームなんですね。じゃあ、今日はとりあえずマルコスさんでいきます。

マルコス　マルキーニョスは「ちっちゃい子ども」という意味があって、お父さんは私のことをずっとマルキーニョスって呼んでたね。

――ああ、山本〝ＫＩＤ〟徳郁みたいなことだ。

マルコス　私は15歳まではとても小さかったから。

――それが16歳からどうしてここまで大きくなったんですか？（笑）。

マルコス　ワカラナイ（笑）。今日は東京からクルマで来たんですか？

――そうです。片道3時間くらいなら楽勝だろうと思っていたんですけど、ちょっとだけ疲れました（笑）。

マルコス　あっ、そう？　私は用事があって東京に行くときはだいたい新幹線に乗るんだけど、ホントはクルマでドライブするほうが好きです。でも東京は駐車場のお金が大変だからね。

――高いですからね。長距離の運転のときって、ひとりで大声で歌を歌えるのがいいですよね（笑）。

マルコス　そうそう。私と一緒。ずっと歌ってる（笑）。東京ってみんなで遊ぶならおもしろい街だけど、友達がいないし、いつもひとりで行動しているから大変ね。それと私の犬もいないから、それがいちばんキツイね（笑）。そう考えたら、ブラジルにいてもアメリカにいても、日本にいても、大事な人たちが近くにいるときが幸せだから場所は関係ないかな。仲間と一緒がいちばんいいね。

――マルコスさんは何歳のときに日本に来られたんですか？

マルコス　22歳のときだね。そのあとサトシが18歳で日本に来て。

――18歳以上じゃないと出稼ぎで来られないんですよね？

マルコス　そうそう。ビザを取るのも大変なんだよ。

――最初にいちばん上のお兄さん（マウリシオ・ダイ・ソウザ）が日本に来て、そのあとにマルコスさん、サトシさんと順番に来た感じですよね。

マルコス　そう。

――こちらのボンサイ磐田本部には初めてお邪魔するんですけど、この広さにびっくりしましたよ。めちゃくちゃ大きなジムですね。

マルコス　そうそう。このサイズはたぶん東京だと無理ですよね。

――こないだの東京ドームでサトシとクレベルふたりが勝って、いまボンサイ柔術の名前が凄くクローズアップされているんですけど、スタートしたときはもっと小さな道場だったんですよね？

マルコス　前の道場は8メートル四方の大きさだけだったから、私たちもここは広く感じるくらい（笑）。ここで毎日、サトシもクレベルも私も練習をがんばっているね。だからチャンスがあれば、いまのような活躍ができることをずっと信じていたよ。
――チャンスさえもらえれば。
マルコス　そのチャンスを手にすることが大事ね。3人ともいくら才能があっても、それまでは大きなイベントとの契約がなかったからね。だから私は『REAL FIGHT CHAMPIONSHIP』の山田（重孝）サンには凄く感謝しているよ。
――REALはRIZINと紳士協定を結び、それで当時REAL FCのスーパーライト級王者だったサトシ選手をRIZINに送り込んだんですよね。
マルコス　彼はいまも私たちのマネージャーもやっているし。あとは坂本（健）サン。もうすぐここに来ると思うけど、坂本サンは2005年から私たちのスポンサーになってくれて、いちばん大変だったのが2008年のリーマンショックね。あのときは景気が悪くなってジムの生徒も凄く減ってしまったんだけど、そんなときでも坂本サンは凄くサポートしてくれた。もしあのとき彼のサポートがなかったら、たぶんあそこでボンサイは終わっていたと思うよ。ああ、ちょうど坂本サンが来たよ（笑）。

BON
SAI

「才能のある彼らを浜松や磐田の片田舎で埋もれさせてしまうのはもったいない、格闘技界の損失だと思ったんです」（坂本）

――坂本さん、お邪魔しています。いまちょうど坂本さんの話をしていたところだったんですよ。

マルコス　凄く感謝してるって話をしてた。

坂本　いやいや、自分は彼らがやっていることをちょっとだけ手助けして支えていただけですから。とにかく彼ら自身がやってきたことがとても大きいと思います。

――坂本さんは彼らがここまで活躍する未来を想像されていましたか？

坂本　想像はしていなかったかもしれないですけど、それを求めてはいましたね。自分がいつも思っていたことは、彼らにはポテンシャルがあって、才能があったんですよ。そんな彼らを浜松や磐田の片田舎で埋もれさせてしまうのはもったいないというか、格闘技界の損失だなと思ったんですね。だから「とにかく彼らをなんとかしてあげたい」という気持ちがありましたし、彼らの素晴らしさを日本全国の人たちに知ってほしいという気持ちと、その両方ですよね。

――その手段としてMMAというのがいちばん伝わりやすいと。

坂本　いちばんはそうですよね。いくら柔術の世界でがんばっても、その世界の中にいる人たちにしか響かないんですよ。だからMMAは必要不可欠かなっていうのは思っていましたね。

――坂本さんご自身もMMAの影響から柔術を始められたんですよね？

坂本　そうですね。自分が柔術を始めたのは、グレイシーがUFCで活躍して、そこからなんですよね。だから正確にはMMAと柔術を並行して始めたんですよ。当時は柔術の選手になりたかったし、MMAファイターにもなりたくて。でも途中で自分の中で限界というか壁を感じてしまって、それなら自分が選手になるのではなく、サポートする側に回ってやっていこうって切り替えたんですよね。要するに「裏方として生きていこう」と思ったんです。それがいまの自分の考えに至った基の部分だと思っています。

――じゃあ、できることなら坂本さんもMMAファイターになりたかったわけですね。

坂本　最初はいちファイターとしてっていう、それは格闘技を始めて選手を目指してであればみんな同じだと思うんですよ。

――夢を見ますよね。

坂本　そうですね。だからスタートはみんなと同じなんですけど、アマチュアの中で闘って勝っていくのも大変なんですよね。そこでの選手のみなさんの苦労もわかりますし、そこで勝ち続けてやっとプロになれる、ようやくスタートラインに立てるんですよ。さらにそこから勝ち続けていくとなったら相当大変で、そのときに自分はふと思ったんですね。アマチュアで勝ったり負けたりしていてプロに行ってどこまで行けるのかっていうことを考えたときに、年齢もあったのでちょっと難しいかなって思ったんですね。だから自分は選手ではなく、いい選手をサポートしていくほうがいいかなと。格闘技は凄く好きだったから違う形で関わっていこうっていうふうに決めたんです。

——坂本さんはいまおいくつですか？

坂本　自分はいま47ですね。

——ああ、ボクがいま49なんですけど、お話を聞いていて同じものを観てきたような気がしたんですよ（笑）。

坂本　なるほど（笑）。最初は知り合いからＶＨＳのビデオを借りてＵＦＣの第１～４回大会を観て、「うわーっ、柔術って凄いな！」って思ったんですね。だから自分の中で柔術はいまだに総合ありきなんですよ。いま柔術やっている人はどうしても競技柔術になっていて、総合を通過しないで柔術を始めている人のほうが多いと思うんですよ。でも自分の中では総合で使えない柔術は意味がないと思っているんですよね。

——それも世代ですね（笑）。

坂本　そうかもしれないですね（笑）。ただ、ボンサイの彼らもたぶんＭＭＡが意識にあるから、柔術の技術も最新のものになっていると思っていて、それは彼らが競技としての柔術をやってきた上でのことではあるんですけど、その競技というものに対してはボクはそんなに好きじゃないんですよ。なぜかと言うと、それはあまりＭＭＡには使えないから。どうしても競技の中での柔術が進化していっているんですよね。

「ここのみんなは人生がいかに難しいものかっていうことをよく知っている。自分が落ちてしまったときほど学ぶことが多い」（マルコス）

——マルコスさんからも、もっと坂本さんについてお聞きしたいんですけど。

マルコス　とにかく私たちにとって坂本サンは大事な存在だよ。彼は私たちのことを信じ続けてくれたからね。坂本サンは私たちにとっては日本のお父さんのような存在で、もし彼がいなければボンサイはここまでにはなっていなかったと思うよ。もちろんビジネスでの関係だけじゃなく、彼との友情もとても厚いんだよ。

——みなさんは日系のブラジル人ということで、日本で道場を開くにしてもいろいろなハードルがあったと思うんですよ。そのあたりを坂本さんがサポートされていたわけですよね。

坂本　そうですね。道場を借りるのもそうですし、あとは日本で住むためにはビザや保証人も必要なので、そういったものも自分のほうで手助けをさせていただきました。でも彼はらこうやっていつも「坂本のおかげだ」って言ってくれるんですけど、それはあくまでギブ・アンド・テイクで、持ちつ持たれつの関係だと思っているんですよ。してもらって、それを返して、してもらって、それを返して、っていう感じの関係性だと自分の中では思っています。

――対等の関係ということですね。

マルコス　とても大事なことを話すんだけど、2011年に私の父（アジウソン・ソウザ）がガンで亡くなったんだよね。その父が亡くなる2週間前にブラジルにいた兄から「お父さんがヤバいからサトシを連れてすぐに帰ってこい！」って連絡があったんだけど、そのときに私たちはブラジルに帰るための航空券を買うお金を持っていなかったんだ。そこで自分の頭の中をよぎったことは「日本にいてもお金を全然稼ぐことができていないし、手元のお金も持っていないし、仕送りをして親を助けることもできていないな……」って。結局、お金を出してもらってブラジルに戻って、そのあと5カ月間くらい向こうにいたんだけど、私は父が亡くなったことで気力も薄れてきてしまって、ふたたび日本に戻って、また家族と離れてしまうことが嫌だなと思っていたんだ。でも、その間も私たちにはちゃんと給料が支払われていて、普通なら「いつ帰ってくるんだ？」「いったいどうなってるんだ？」って聞かれてもおかしくないのに、坂本サンはいっさい聞いてこなかったんだよ。それから日本に戻ったとき、これは人前で初めて話すことなんだけど、じつはＨＡＬＥＯから「東京でジムを開かないか？」っていうオファーがあったんだよね。

坂本　この話は自分もあとから聞いたんですけど、相当な好条件だったんですよ。お父さんが亡くなられたあとだから2012年くらいだったと思います。彼はその破格のオファーが来たときも自分への感謝があったみたいで行かなかったんですよね。

マルコス　そのときにＨＡＬＥＯからは「いくらほしいんだ？言ったぶんだけ払ってあげるから東京に来なよ」って言われていたんだけど、自分にとってはお金も大事だけど、私たちが坂本サンからしてもらったことを返さないといけないとそのときに思ったんだよ。

――素晴らしい話ですね。そのＨＡＬＥＯもずっとボンサイチームをサポートしてくれていますし。

マルコス　そう、ＨＡＬＥＯにも感謝。あと、その頃はサトシが黒帯になったばかりで、クレベルはまだ紫帯。そんなときに私が東京に行ってしまったら、彼らの力が落ちてしまうのではないかというのも心配だったんだ。

――いまは日本でもビジネスライクな選択が良しとされてい

る時代だし、より豊かになれるほうを選んだほうが本人もいいし、まわりも「それはしょうがないね。いってらっしゃい」ってなると思うんですけどね。

坂本　そうですよね。だから彼らは凄く義理人情に厚いと思います。

「私たちに備わっているものは、技術、パワー、そしてスピリット。そんなに簡単には勝つことはできないと思うよ」（マルコス）

――それは日常でもそう感じますか？

坂本　おそらくブラジルの文化というのもわりと関係があって、「困っている人がいたら助ける」という国民性なんですよ。

マルコス　そうだね。ここのみんなは人生がいかに難しいものかっていうことをとてもよく知っているので、自分が落ちてしまったときほど学ぶことが多いっていうのもよくわかっている。だから、そのときに学んだことこそ忘れてはいけないということがとても大事なんだ。たとえば自分が凄くお金を持っていて、いいクルマに乗って、彼女もたくさんいて、人生なんて簡単だって思うときがあるかもしれないけど、自分が落ちているときほど学ぶことが多くて、そのときにいろいろわかってくることがあるんだよ。たとえば「ホントの友達は誰なんだ？」

とかね。

――本当に大事なものは何か。マルコスさんたち兄弟の人格形成はお父さんからの教えというのも大きいですか？

マルコス　そうだね。それらは父から教えてもらったこともある。父は小さい頃から貧しい家庭で育って、教育も満足には受けられていなかったんだよ。そのかわりに父は人生というものを凄く勉強してきたんだ。それが私たちファミリーにも浸透しているのかなと思っているよ。

――坂本さんは彼らのお父さんとお会いしたことはあるんですか？

坂本　それが1回もないんですよ。

――来日されたこともないんですか？

坂本　ないんですよ。お父さんを日本に呼ぶことは彼らの夢でもあったし、お父さん自身の夢でもあったんですよ。

マルコス　ウチは母親が日系ブラジル人で、父は純粋なブラジル人なんだけど、母よりも父のほうが日本にとても興味を持っていたし、とても詳しかったんだよ。

――お父さんがこの立派なボンサイ柔術の日本本部を見たら驚いたでしょうね。

マルコス　たしかにそうだね。父が驚くだけじゃなく、自分自身もときどき「これ、ホントに自分たちが作ったのかな？」って思うときがあるよ（笑）。

――あとはみなさんのＲＩＺＩＮでの活躍をお父さんにも見せたかったでしょうし。

マルコス　でも日本に来ることはできなかったけど、「父は自分たちの試合をいつも観てくれているはずだ」ってずっと思っている。その気持ちがなかったら、ここまで続けてこられなかったかもしれないね。

――きっとお父さんが観てくれているからがんばれると。

マルコス　私たちはその気持ちがあるから、それが強さにも繋がっているんだと思っているよ。私たちに備わっているものは、技術、パワー、そしてスピリット。いまみんなが勝ち続けているのは、その3つが揃っているからだと思う。そしてその3つが自分たちの鎧のようになっているから、私たちと闘う相手もそんなに簡単には勝つことはできないと思うよ。

――日本にとても興味をお持ちだったお父さんが名づけた「ボンサイ柔術」という名前も最高ですよね。

マルコス　それは父がずっと言い続けていたことで、「盆栽を育てていくためには毎日の手入れがとても大事であり、とても難しいことでもあるんだ。しっかりとチームを育てていくのも同じことで、みんなで気をつけて手入れをしていかないとチームはちゃんと育たない」ってね。その父の考えがこのボンサイチームの強さでもあると思っているよ。

LEGACY
FAMILY
LOYALTY
RESPECT

マルコス・ヨシオ・ソウザ
(MARCOS YOSHIO SOUZA)
1984年12月5日生まれ、ブラジル・サンパウロ州出身。柔術家・MMAファイター。ボンサイ柔術所属。
ボンサイ柔術の創始者アジウソン・ソウザの次男として生まれ、3歳より父から柔道を学ぶ。その後、UFCで活躍するホイス・グレイシーの姿に衝撃を受けて柔術を学び、2004年に黒帯を取得。2005年に来日。柔術の大会で数々のタイトルを獲得後、2012年からMMAにも参戦し、『REAL Fight Championship』ウェルター級王座決定トーナメントを制して初代王者となる。RIZIN初参戦となった2019年10月12日の『RIZIN.19』では中村K太郎に1RにKOで敗れるも、2020年2月22の『RIZIN.21』ではファルコ・ネトを1Rでグラウンドパンチによるtko勝ちをおさめた。

坂本健(さかもと・けん)
1973年12月17日生まれ、静岡県浜松市出身。株式会社ムンディネロ代表取締役。
1997年、UFCでのホイス・グレイシーの活躍に衝撃を受け柔術と総合格闘技を始める。2002年にファイターズショップ『ブルテリア』を立ち上げて翌2003年に現・株式会社ムンディネロの前進である有限会社ブルテリアを設立。2004年、来日したマウリシオ・ソウザと共に「ボンサイ柔術ジャパン」の発足に協力する。2005年、ALIVE協力のもと『プロ柔術X』を、2007年にはDEEP佐伯繁代表と共に『DEEP X』を立ち上げた。2008年、ボンサイ柔術浜松支部であるブルテリアジム発足、2011年にのちに国内最大級のブラジリアン柔術大会となる『コパブルテリア』を開催。2021年、ボンサイ柔術静岡支部である「ブルテリアジム静岡」を始動させ、現在も「ボンサイ柔術ジャパン」に大きく寄与している。

DE LUTAS
ON SOUZA

第116回 天心vsX・4人目以降

バッファロー吾郎A

バッファロー吾郎A/本名・木村明浩(きむら・あきひろ)1970年11月24日生まれ/お笑いコンビ『バッファロー吾郎』のツッコミ担当/2008年『キング・オブ・コント』優勝

『RIZIN.28』をスカパーPPV録画で2日後に鑑賞。ネタバレ回避はいまの時代不可能なので結果を知った状態で観たが、それでも刺激的な大会だった。楽しみにしていた石渡vs井上が早期決着で驚いた。この再戦はぜひ観たい。私がいちばん気になっていた那須川天心ボクシングマッチのXの正体が所選手だったのが嬉しかった。WWEのようにいきなり入場テーマ(『逆境ファイター』)が鳴っての登場ではなく煽りVでの発表。WWE演出はMMAの大会では難しいのだろう。

そんなことを考えているうちに私は眠ってしまい夢を見た。人の夢の話はつまらないモノだが、とても興味深い内容だったのでココに紹介したい。

天心選手と所選手が握手を交わす中、榊原代表がリングでマイクを持つ。

「RIZINでは大崎孔稀、HIROYA、そしてXだった所英男の3選手で終了ですが、新格闘技イベント『ライシン』ではさらにXが登場します!」

場内が沸く。するといきなりアニメ『北斗の拳』のOP曲『愛をとりもどせ!!』が東京ドームに響き渡る。

『愛をとりもどせ!!』といえばレジェンド格闘家ジョシュ・バーネットの入場テーマだ。天心vsジョシュという夢のカードがボクシングルールとはいえ実現するのだ。観客総立ちでジョシュコールが起こる。しかし、花道に登場したのはオジサンがひとり。全員がポカンとする中、実況がこだまする。

「なんと、4人目はケンシロウの声優である神谷明さんだ!」

試合はドロー。神谷さんが退場するとまた『愛をとりもどせ!!』が鳴り響く。

「今度こそジョシュだ!」と会場は大ジョシュコール。しかし登場したのはまた知らないオジサン。

「なんと、5人目は『北斗の拳』の作者で

ある原哲夫先生だ！」

　試合はドロー。原先生が退場する中、今度は『キン肉マンGo Fight！』が会場に鳴り響くが、「どうせ、ゆでたまご先生だろ」「嶋田先生？　中井先生？　それともふたり？」

　本当ならゆでたまご両先生が登場すれば盛り上がること間違いなしだったのに、ライシンの構成のせいで場内は微妙な空気。しかし、花道に立つ男を見て会場は異様に盛り上がる。

「なんと、信じられません。6人目は二度目の神谷明さんだ！」

　神谷さんはキン肉マンの声優でもあることを忘れていた。大神谷コールむなしく結果はドロー。Xはまだまだ続く。

⑦田原総一朗
⑧尾関高文（ザ・ギース）
⑨ジョシュ・バーネット
⑩神谷明（三度目）
⑪さかなクン
⑫カケフくん
⑬高橋名人
⑭石坂浩二
⑮木村清（すしざんまい社長）
⑯ニセ那須川天心
⑰風間杜夫
⑱ニセ石坂浩二
⑲土井善晴
⑳エディ・マーフィー
㉑香川照之
㉒アイアム野田（鬼ヶ島）
㉓ふなっしー
㉔柴田理恵
㉕仲本工事
㉖宮根誠司
㉗松木安太郎
㉘ミラクルひかる
㉙神谷明（四度目）

　格闘技ファンの心にまったく突き刺さらないカード編成に観客は苛立ち、

「天心がかわいそうだろ！」

「こんな企画やめろ！」

　と、リングに物が投げ込まれる。すると突然会場が真っ暗になり、5秒ほど経つと無音の中、照明がリングを照らす。

　そこにはリング中央で睨み合う天心と武尊の姿。30人目のXは武尊選手だ。いま格闘技ファンがもっとも観たいカードとされる世紀の一戦がついに実現しようとしているのに観客から野次が飛ぶ。

「ちゃんとした試合形式でふたりの闘いを見せろ！」

「この流れでふたりを闘わせるなんて無駄使いにも程があるだろ！」

　観客の言うことはもっともだ。

　世紀の一戦の結果はドロー。形はどうであれ、ふたりに惜しみない拍手が贈られ泣いている観客も少なくない。天心&武尊コールはやがてライシンコールに変わり、観客全員が感動を噛みしめながら席を立とうとすると、またもや『愛をとりもどせ!!』が鳴り響き、神谷明さん（5度目）が花道に登場する……。

　私はココで目が覚めた。

「UWFというものを口で伝えて教えるんじゃなくて、どうやって気づかせるか？ そこを俺自身が模索しているところです。身体で覚えさせて、考えさせて、どう答えを導き出させるかが田村先生の宿題です。やさしく、楽しく、たまに機嫌悪く」

GLEATエグゼクティブディレクター

田村潔司

収録日：2021年7月6日
撮影：橋詰大地
試合写真：©GLEAT
聞き手：堀江ガンツ

KAMINOGE STUBBORN RED PANTS

ついに船出した"令和のUWF"が反響を巻き起こしたため、
田村が堀江ガンツと緊急公開反省会＆戦略会議を敢行！
ヤバイ、いまだにUを語ることが楽しすぎる!!

Asshi
tcejor

「若い選手たちにUWFを好きになってもらえるよう、自分が経験したことを伝えていくことが重要かなと」

――6・9新宿FACEの『リデットUWF』、そして7・1TDCホールでのGLEAT旗揚げ戦と、田村さんがエグゼクティブディレクターとして関わった〝UWF〟の試合が2大会行われて、よくも悪くも反響がありましたよね。

田村　ちょっとまだ俺自身はそのへんのエゴサーチ的なことができていないんでわからないんだけど、どういう反響があったの?

――「初めてUWFの試合を観たけど、おもしろかった」という声もあれば、「よくわからない」という声もありましたね。

田村　なるほど。これからわかってもらいましょう。

――田村さん自身の手応えはいかがですか?

田村　手応えとしては「あんなものかな」とは思うけど。

――「あんなもの」ですか。

田村　というのは、まだ選手が育っていないでしょ。所属の若い選手はみんなUWFのデビュー戦みたいなものだから。そういう意味でまだまだ手応えはないですね。ただ、お客さんの反応として手応えがあったかどうかは、こっちの判断じゃなくて運営側の判断になるから。俺としてはなんともいえない。

――大会後、運営側であるリデットエンターテインメントの鈴木裕之社長とはどういうお話をされましたか?

田村　じつはまだそこまでガッツリとは話せていないんだけど、大会の演出面は凄くいいと思った。ほかの団体って、あれくらいの演出ってあるのかな? たとえばメジャー団体なんかでは。

――ビッグマッチでは豪華な演出はありますけど、TDCホール規模の会場であそこまで演出に力を入れているところはなかなかないですね。

田村　ないよね。だから演出は凄くいいと思った。

――演出や事前の宣伝活動も含めて、運営側のやる気は凄く伝わってきましたね。

田村　選手側からはやる気が感じられなかった?（笑）。

――そういうわけじゃないです（笑）。いい意味で団体側の野心というか、大きくなるためにできるだけ資金を投下してバックアップしていこうという姿勢を感じましたね。

田村　それは感じられたよね。

――具体的に言うと、リデットUWFというものをかつてのUWFを知らない世代、いまのプロレスファンに向けて刷り込んでいこう、アピールしていこうということとか。

田村　そのへんが今回の旗揚げ戦の時点でどのくらい伝わったのかはわからないけど、個人的には説明するよりやり続けるしかないのかなという思いがあるから。最近、昔の紙プロ（『紙のプロレスRADICAL』）を読んだりしているんだけど、アントニオ猪木さんの言葉で凄く刺さった言葉があったの。猪木さんが「嫌いだったら好きにさせればいいじゃん」って言っていて。

——猪木さんはプロレスに対する世間の偏見とずっと闘っていて、「首根っこをつかんででもプロレスを見させてやる」って言っていた人ですからね。

田村 だから俺らも、いまの時代の新しいファンがUWFをどう思うかっていうよりも、好きにさせるように持っていけばいいんじゃないのって。でもこれは俺ひとりでできることじゃないから、そこは勘違いしてほしくないんだけど。運営面でもバックアップしてもらっているので、俺はUWFを好きになってもらえるよう、若い選手たちに自分が経験したことを伝えていくことが重要かなと。

——リデットUWFはまだ始まったばかりなので、技術的にまだ未熟なのはわかるんですけど、所属選手が「自分はこういう闘いを目指しています」っていうことをもっと発信したほうがいいんじゃないかと思うんですよ。

田村 それはよく言われるんだよね。「何がしたいのかわからない」とか。

——かつてのUWFだって、最初は理解されなかったのを前田（日明）さんたちが試合内容で見せるだけじゃなく、繰り返し理想を語ることで求心力をつけていった部分もあるじゃないですか。いまは選手自身が、自分が目指しているものがまだぼんやりしているから、ファンのほうもどうついて行ったらいいかわからないような気がするんですよ。

田村 はいはい。たとえば新日本プロレスなんかも、俺らが見ていた80年代なんかは「キング・オブ・スポーツ」を標榜していて、「プロレスラーは強い」ということを前面に打ち出していて、こっちも影響を受けたけど。いまの新日本は脱ストロングスタイルで、エンターテインメント路線になっているよね。それはそういう路線を明言して、新しいファンにアピールしていったのかな？

——そうですね。ストロングスタイルからいまのスタイルに変わる過程では、従来の新日本ファンからの反発もあったんですけど、棚橋弘至選手を中心に自分たちが目指すプロレスを繰り返しアピールすることで、新しいファンを増やしていった結果が、いまの繁栄につながっているんで。

田村 なるほどね。

——だから特に新団体が上がっていくのには、選手側が自分たちが目指す方向を訴える熱量が不可欠だと思いますね。新日本なんか、旗揚げしたときはテレビもついていない弱小団体ですけど、猪木さんが「本格的なプロレスを追求していく」と常々訴えて、馬場さんのプロレスと差別化することで猪木信者

を増やしていったし。第一次UWFが旗揚げしたときの前田さんもそう。Uインターが旗揚げしたときも「プロレス最強に回帰する」という新生UWFとのコンセプトの違いがハッキリしていましたから。

田村 そうだよね。

「たしかにUWFっていうのは何を見せたいのかっていうことを、もっと深い部分で選手に伝えていかなきゃいけない」

――で、リデットUWFが目指す理想っていうのは田村さんの中では明確になっていると思うんですよ。

田村 まあ、それが伝わらない。というか伝えられてないんだよね（笑）。

――リデットUWF新宿FACE大会の終了後の総評で、田村さんは「これをUWFの諸先輩方が観たら、選手もボクもボコボコにされる」と言っていたじゃないですか？　でも選手も観客も何が悪かったのか、わからなかったと思うんですよ。

田村 なるほどね。「何を目指しているか」の打ち出しはもちろんあったほうがいいんだけど、昔はマスコミと選手が熱をもって一体化して作っていたんだと思うんだよ。旧UWFや新生UWFのときは、週プロのターザン山本さんの力が大きかったと思うし。PRIDEが始まって、プロレスから総合格闘技に移っていく時代の紙プロの山口（日昇）さんなんかもそうだよね。そういった活字プロレスが前田さんたちの発言、考えを広めてくれたんだろうし、キャッチコピーなんかもつけて、ファンに浸透させてくれた。いまはそれができないんだよね。そのせいにするわけじゃないけど。

――プロレス専門誌の影響力が、いまと昔では全然違いますからね。

田村 だからマスコミと一体になって「リデットUWFとはなんなのか？」という問いかけをファンにできないから、そこが辛いところでもあるんだけど。UWFの試合っていうのは俺は奥深いものだと思っているから、それをしっかりと選手に伝えて、試合を見せていくしかないね。口で言ったところでなかなか広まるものじゃないので。

――でも1回で広まらなくても、繰り返し言い続けることが大事なんじゃないですかね。自分たちが目指すものを毎回しつこいくらいにアピールしていかないと。そしてそれ以前に田村さんが選手たちを、ある意味で洗脳していく必要もあると思うんですよね。

田村 なるほど。わかった、選手も理解をしようとしてるし、いまはやるべきことをこなしていけばいいかな。

――たとえば田村さんとリデットUWFのエース格である伊藤

貴則選手が、禅問答のように「UWFとは何か?」「理想のプロレスとは何か?」を語りあって、YouTubeで流してもいいだろうし。

田村　うんうん、そのYouTubeを観るファンも一緒に理解していくような感じね。

——伊藤選手の試合後のコメントとか聞いていても、変な話、Uというより凄くいまのプロレスっぽい気がするんですよね(笑)。

田村　どんな感じだった?

——「俺がリデットUWFの大将だって認めさせる」とか、熱いコメントを残しているんですけど、一方的にまくしたてる感じがUWFっぽくないなって。UWFって月に1試合だったから、選手が記者相手にリアルな気持ちを毎回吐露していたじゃないですか。

田村　そうだね。言葉はすべてアドリブ、フリースタイルだったよね。

——試合スタイルだけじゃなく、そういうリアルな部分もUWFをUWFたらしめていた重要な要素だったと思うんですよ。だから伊藤選手も旗揚げ戦の試合後、メインを任されたもっと深い部分の自分の気持ちとか、新日本のSHO選手と闘って、実際のところどう感じたのか。もっと試合後の素直な感情を出していいと思ったんですよね。

田村　たしかにUWFっていうのは何を見せたいのかっていうことを、もっと深い部分で選手に伝えていかなきゃいけない。そのへんは俺自身の宿題が増えるな。俺は「そんな能書きを垂れている暇があったら練習すればいい」っていうタイプだから(笑)。でも、いまの時代はそういうことも伝えていかなきゃいけないだろうし、昔と違ってプロレス雑誌の数も少ないしね。

——GLEATはインターネットで積極的に発信していこうという姿勢があるじゃないですか。それなら田村さんと伊藤選手の本音の語り合いを毎週配信してもいいと思うんですよ。GLEATのファンは昔のUWFを知らないだけで、知ろうとする姿勢は凄く感じたので。

田村　じゃあ、UWFとは何かを植えつけるという意味では、変な話、公開説教みたいになってもいいのかな。

——それでもいいと思いますよ。

田村　GLEATの若い選手は何をしたらいいのかわからなくても、俺に気をつかって言えない部分もあるだろうし。そこを腹を割って話せばいいんだろうね。

——若い選手たちの本当の苦悩をYouTubeの公式チャンネルで流したら、ファンにもダイレクトに伝わるんじゃないですかね。

田村　いいね。その案、もらってもいい?(笑)。

——どうぞ、どうぞ(笑)。

田村　たしかに彼らが思っている自分の中での気持ちと、俺が思っていることをぶつけ合えたらいいと思うし。それでも多少は気をつかうだろうけど、若いヤツらが俺に反発するようなこともある感じでトークをしたらおもしろいだろうね。

――リデットUWFって、田村教官と若いまだ無名な選手たちの成長譚じゃないですか。その中で本音のぶつかり合いとか、選手たちのリアルな苦悩を映像で流していったら、リデットUWF自体が終わりのないリアリティショーになって、おもしろくなると思いますよ。

田村　じつは7月1日のGLEAT旗揚げ戦が終わったあと、最初の練習日にひとりひとりやってみた感想を聞こうかと思ってたのよ。実際は女子UWFのコ（福田茉耶）にしか話を聞けなかったんだけど。だからそれはやらなきゃいけないね。いまガンツにケツを叩かれて俺の仕事が増えたよ（笑）。

「ガンツだったらわかると思うけど、UWFスタイルってホントに奥が深くて、いろんな段階に分かれてるじゃん」

――いや、田村さんはそういう責任のある立場ですから、やっていただかないと（笑）。

田村　言葉と身体で伝えていく、それだけでいいと思う。俺はコーチ、監督の立場だから、もちろんいろいろ言われることも覚悟しているし。そこを受け止めて、たまにスルーしたりして。俺流でUWFを伝えていくっていう方法がいまはいいのかな。

――実際に闘うという方法もあると思いますけどね。

田村　そうね。

――新日本だって、若きエースである猪木さんが師匠格のカール・ゴッチさんと旗揚げ戦で一騎打ちをやって、ピンフォール負けするところからスタートしたわけですから。あのときのゴッチさんは50前くらいですから、いまの田村さんみたいなもんですよ（笑）。

田村　ああ、そうなんだ（笑）。

――だからリデットUWFでは、船木（誠勝）さんと田村さんが、初期新日におけるカール・ゴッチ&ルー・テーズになったらいいんじゃないですかね。

田村　それは試合でっていうこと？

――フルタイムで試合に出る必要はないですけど、雲の上のレジェンドとして、若い選手たちに胸を貸してリデットUWFの目指す方向、指針を示していくとか。

田村　試合に出るかどうかは別として。やっぱり実際に試合を見せるのがいちばんいいはいいよね。俺もYouTubeで自分の過去を振り返ったりしているんだけど、俺は新生UWFでデビューして5戦目で前田さんとやってケガして、1年間試合に出られなかったことがあったでしょ。その期間がいま思うと自分の中では宝物になってるんだよね。

――それは考える時間があったということですか？

田村　考える時間もそうだし。欠場中、俺は全試合をエプロンから観ていたんだよね。セコンドは俺ひとりだから、後輩の冨宅（飛駈）、垣原（賢人）の試合も観ているし、諸先輩方の試合もすべて観ている。だから新生UWFが約2年半の活動期間で全200試合ぐらいあったとしたら、俺は9割以上観ているはずだから。でもほかの選手は観ていない試合もあるじゃん。冨宅、垣原も雑用に追われて観られないとか。でも俺はほぼ全試合観ているからこそ、いろんなことがわかったし、「船木誠勝は偉大な選手だ」って実感として語れるわけ。

――新生UWFでいちばん輝いていたのは、前田さんでも髙田さんでもなく、間違いなく船木さんですもんね。

田村　そういう諸先輩方の試合を、若手時代にすべて観て勉強できたのは、俺にとっての宝物。だからGLEATの若い選手にも、試合を見せるのが手っ取り早いだろうなとは思う。ガンツだったらわかると思うけど、UWFスタイルってホントに奥が深くて、いろんな段階に分かれてるじゃん。強さを表現したり、魅せたりとかいろいろあって。新生UWFの頃のUの試合と、総合格闘技に移り変わっていく、Uインターやリングスでの Uの試合もまた違うし。

――ひと言で「UWFスタイル」と言っても、時代によって違うんですよね。3派に分かれたあと、Uインターとリングスとパンクラスもまた全然違うし。

田村　いまはそれらの試合が動画で観られるからさ、若い選手たちにはそういうU系の試合を幅広く観てもらって、彼らがどう感じて自分で表現していくかを考えさせるのもいいかもしれない。GLEATには飯塚（優）っていう選手がいるんだけど、彼はリングスが好きらしいんだよ。

――ヴォルク・ハンが好きなんですよね。

田村　そうそう。ハンにインスパイアされたUのスタイルでやってるから、それはひとつの個性だと思うんだよね。だから伊藤や福田茉耶もそういう過去のUスタイルの試合を観て、自分のスタイルを築き上げてほしい。そういうことを常日頃から俺がもっと言わなきゃいけないってことを、今日はガンツさんに気づかせてもらいました（笑）。

――いえいえ（笑）。でもボクが田村さんもGLEATで試合をしたほうがいいと思うのは、選手って「やっぱり、この人すげえ！」って心から思う人じゃないとついて行かないじゃないですか。

田村　そうなんだよね。

――だから強さも試合内容も、リング上での佇まいも、すべて違うっていうところを見せる必要があると思うんですよね。U

インターだって、髙田さんがメインに出てきたら武道館の空気が変わる。そういう姿を見せてきたから若い選手たちも尊敬したし、「どういう試合をすれば、ああいうふうになれるんだろう」って考えたと思うんですよ。

田村 そうだね。いま俺はあくまでコーチという立場なんだけど、そういったこともウチのオーナー（リデット鈴木社長）には見透かされてるのかもしれないな。オーナーは俺に対して、試合の「し」の字も言わないんだよ。たぶんそれを言ったら俺が引くと思ってるから。そして俺自身、「試合してほしい」って言われたら引くんだけど、オーナーが言わないことで俺のほうから試合への距離を縮めているような気もして（笑）。

――「北風と太陽」的な感じで、暗黙のうちに試合出場に仕向けられているというか（笑）。

田村 若い選手は先輩の背中を見て育つんだけど、それができない状況にあることもたしかだし。ただ、UWFスタイルっていうのは、教えればすぐに弟子が師匠を抜けるわけじゃないから。技術もそうだし、強さもそうだし、魅せ方もそうだし。べつに俺はGLEATの選手たちを弟子とは思っていないんだけど、まだレベル的に俺とは距離がある。だからまずは練習で背中を見せていってあげて、プラスアルファでさっきガンツが言ったような試合を見せていくような環境になればベストかなって……。いや、これを「ベスト」と言っちゃうと、それが見出しになるからダメだ（笑）。

——「田村潔司、『若い選手に練習と試合で背中を見せていく』と宣言」で、いいじゃないですか（笑）。

田村　試合をするとは言ってないからそれはダメ（笑）。

「いきなりラッパをやるんじゃなくてちょっとずつ教えてるの。俺が新弟子の頃に先輩にやられた100分の1くらいの厳しさのつもり」

——でもこれは正直な話、田村潔司vs船木誠勝というUWFスタイルでは実現したことがない究極の試合を、ふたりが動けるうちにやるべきだと思いますけどね。

田村　その話はもういいから。はい、次（笑）。

——ではGLEAT旗揚げ戦の総評で、田村さんは「船木さんに関しては言うことなし」って、手放しで褒めていたじゃないですか。それはほかの選手とどこが違ったんですかね？

田村　あの人は、プロレス、UWF、総合というものを1周も2周も経験しているから、その時点でもう違うんだよね。だからそこも伝えていかなきゃいけないんだろうけど。

——船木さんって、総合格闘家がUをやるのとも、純プロレスの選手がUをやるのとも違う雰囲気を醸し出してますもんね。

田村　だから船木さんの試合から学べるものって凄くたくさんある。1から10すべて勉強になる。選手たちはまだ経験がないからすべては理解できないと思うけど。

——総合とプロレス、両方やったことがあるだけとは全然違うわけですね。

田村　違うね。俺は新生UWFのときからパンクラス創成期の苦労も知っているから、船木さんのことを8割方理解できているつもりなんだけど、若い選手が何試合か観ただけじゃ船木さんのことは語れない。それがわかった上で、1パーセントでも船木さんのいいところを盗んでほしい。たとえばオーラにしたって全然違うでしょ？

——GLEATの若い選手に混じると、浮いちゃうくらい違いました。

田村　それは船木さんがキャリアを重ねていったことでのオーラもあるんだけど、やっぱりちょっと違うじゃん。独特の雰囲気があるから。顔の表情にしたって冷静な表情をするときもあれば、闘志むき出しの顔になるときもあるし。これを若い選手にも植えつけていかなきゃいけないんだろうけど。

——UWFって格闘技の技術がなきゃいけないのは当たり前ですけど、じつは表現力もめちゃくちゃ大事ですよね。

田村　大事だね。

——そこって、みんなの考えから抜け落ちているような気もするんですよね。

田村　そうそう。

――ＵＷＦって通常のプロレスと違い、派手な動きやジェスチャーがないからこそ、表情ひとつで観客に伝えられるかが重要だったりしますもんね。

田村　だから〝ラッパ〟ってあるでしょ？　道場でのスパーリングで先輩に何度も関節を極められて、上に乗られて呼吸すらできなくさせられる。あらゆる練習でいちばんキツいのがそのラッパなんだけど、あれを経験しないとその（観客に伝わる）表情ってたぶん出ないと思うんだよ。

――ラッパって、「殺される」って思うくらい苦しいって言いますもんね。だからこそ人間が極限まで追い込まれたときの必死の表情や、苦悶の表情、怒りの表情が出るという。

田村　２日前の練習でＧＬＥＡＴの若い選手とレスリングのスパーリングを30分やって、昔の10分の１程度のラッパをやったんだけど、それをやらせた俺の意図を感じさせなきゃいけないね。

――なぜ、拷問みたいなスパーリングをするのかを。

田村　俺は上を取って関節を極めて、向こうに攻めさせることもできる。コントロールできて、途中で遊んだりして、加えてラッパの10分の１くらいのことをやったりしたんだけど、彼らの気持ちが伝わってこないのよ。まさかラッパをやる側が気をつかって、こんなに悩むと思わなかった（笑）。

――なるほど。本来、「殺される」と思うほど苦しいことをされることで、火事場の馬鹿力を引き出すための練習なのに、なかば抵抗をやめてしまう、というか（笑）。

田村　「極められたらどうする？」ってこと。だからちょっとずつ身体で教えなきゃいけない。いきなり本気のラッパをやったら、それこそ逃げちゃうかもしれないし（笑）。

――選手育成を任された立場からすると、いまどき夜逃げされると困っちゃいますよね（笑）。

田村　だからいま、いきなりラッパをやるんじゃなくてちょっとずつ教えてるの。寝技で諦めようとしたら「ダメだ、逃げろ！」って言ったり、スタンドに戻ったときも「お願いします……」ってちっちゃい声で言うから、「ダメ！　腹から声を出せ！」って言ったり。俺が新生ＵＷＦの新弟子の頃、先輩にやられた１００分の１くらいの厳しさで教えているつもりなんだけど、「ちょっと、やりすぎたかな……」って反省したり。

「練習でラッパをやられたとしても『田村さんにいじめられた』って思うんじゃなくて、もっとその裏に気づけよって」

――昔はいっさいの容赦がなかったわけですもんね。

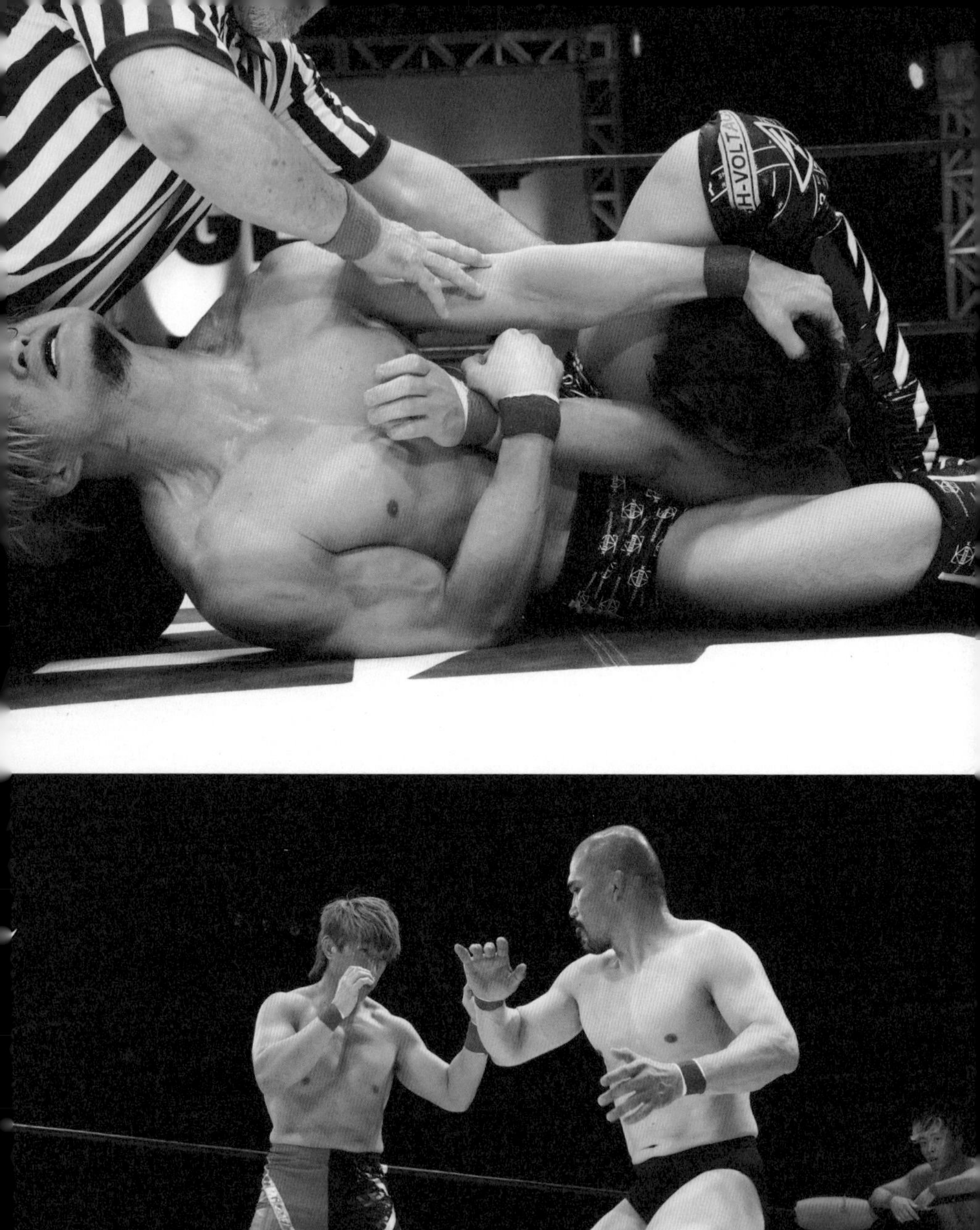

LEGEND

GLEA
MAYA
FUKUDA

田村　昔はラッパも容赦ないし、ラッパ地獄のあとにキツい練習も続いていた。新生UWFの先輩6人に対して、新弟子の俺ひとりだったからね。いまは逆に先輩が俺ひとりに対して後輩4～5人。コロナがまだ落ち着かないからスパーはまだそこまで向き合えていないけど、少しずつ老体に鞭打ってがんばりますよ。でも楽しいよ。目的意識があるリデットの選手と練習できて、楽しく、厳しく、たまに機嫌悪く（笑）。

――田村さんにとっても、めちゃくちゃいい練習になっちゃいそうですね（笑）。

田村　だから同じ若手選手に何度もラッパするんじゃなくて、一度経験させたら卒業で、次の選手っていう感じでやっていかなきゃいけないと思ってる。

――先ほど、ラッパで死ぬような思いをすることでリング上で本当の闘争心や悔しさを表情として出せるという話がありましたけど。それができればプロレス的ないわゆる〝セール〟は必要なくなるんですよね。

田村　そうそう。こういう言い方はなんだけど、観客が「それ、ウソだろ」とか「大袈裟だな」と思うようなことは必要ない。

――ボクもGLEATの旗揚げ戦を観ていて、ダウンから立ち上がるときとか、負けて控室に戻るときとか、「そんなに足下がフラフラにならなくてもいいよ」と思っちゃいましたし（笑）。本人はよかれと思ってやっているんでしょうけど。

田村　でも、その表現の部分については選手に任せるべきだと思うので。そのへんは感性の問題だよね。

――UWFってそういう細部のリアリティが重要だから、それは伝えたほうがいいんじゃないですか？

田村　でもね、これってわざわざ口に出して説明するべきことなのかなって思ったりもするのよ。俺が若い選手を指導する上で葛藤しているのは、すべて〝答え〟を教えちゃったら、選手は自分自身で答えを見つけようとしなくなるだろうなってこと。さっきの「なぜ、ラッパは必要なのか？」ということは、べつに先輩から言われたわけじゃなくて、俺自身、あとになって気づいたことだから。当時の先輩は半分いじめみたいな感じでやっていたのかもしれないけど、俺はあの経験があったからこそリアルな表現ができるようになったのかなって、いまになって思うようになったから。

――道場でラッパかまされて、死ぬような思いをさせられてるからこそ、試合で先輩と当たったときも「ぶっ殺す！」という気持ちが出せるようになるわけですよね？（笑）。

田村　そうそう！　そこに繋がっていくのよ。普段は「はい」しか言えない絶対服従なんだけど、リングに上がったら「やってやるぞ！」っていう、闘争本能にもの凄く火がつくんだよね（笑）。

――やり返すにはこのチャンスしかないっていう（笑）。

田村　その溜まった感情の出し方とか、〝答え〟を簡単に教えてしまうのって、逆に安っぽく感じるんだよね。だから口で直接教えるんじゃなくて彼らに気づかせなきゃいけないっていう部分もあるし。ちょっと話が違ってくるけど、GLEAT旗揚げ戦で会社があれだけの舞台を用意してくれたわけだけど、それが当たり前だと思っている選手もいるわけ。でもそれが当たり前じゃなくて、もっと自分のやるべきことをやれよって思うのよ。

――選手たちの集客力だけであれだけ豪華な舞台が用意されているわけじゃなくて、リデットが投資してくれているわけですよね。

田村　「そこに自分で気づけよ！」って思う。だから練習でラッパをやられたとしても、「田村さんにいじめられた」って思うんじゃなくて、もっとその裏に気づけよって俺は思うのよ。それを口で伝えるんじゃなく、どうやって気づかせるかっていうのを、俺自身、模索しているところだね。俺がラッパをしたあと、「いや、あなたのことが嫌いでやっているわけじゃないのよ。こういうことをやったら、こういう表現が試合でできるようになるし、そこに繋げるためにやってるんだよ」って答えを教えたら、逆に身につかないと思うから。

――そうですね。

田村　身体で覚えさせて、「なんでだろう？」と考えさせること。その上で練習と試合映像と照らし合わせて、反省＆改善、それを繰り返して自分で気づかせる。どう答えを導き出させるかが田村先生の宿題です。やさしく、楽しく、たまに機嫌悪く。

「SHO選手はこっちに来ちゃえばいいんじゃないの？（笑）。こっちで格闘技の練習をして、また新日本に帰ればいいじゃん」

――2回目の「機嫌悪く」いただきました（笑）。でも時代の違いもありますからね。昔なんかは試合後、控室に戻ったら問答無用でぶん殴られて、いったい何が悪かったのか自分で考えなきゃいけない世界だったわけですけど。

田村　そうそう（笑）。だから当時の俺らは殴られることがあるから「試合をがんばらなきゃ！」ってことに繋がっていたわけ。

――でもいまはそういう時代じゃないので、指導者も時代の変化に応じてアップデートしなきゃいけませんからね。

田村　そこは俺も試行錯誤しながらやっているんだけど、理屈じゃない部分もあるからね。若い選手からしたら俺の指導方法に対して「そうじゃない」って思うこともあるかもしれないけど、俺には逆らえないような環境を作っている部分もあるし。彼らに合わせることはしているけど、若手の意見を聞きすぎるのもよくないから、そこが凄く難しい。この悩みは子育てと同じだね（笑）。

――だからリデットUWFは、教官である田村さんと若い選手たちがお互いに悩んで、時には衝突しながら成長していくっていう。80年代の大映ドラマ的なところが魅力なんだと思いますよ（笑）。ちなみにまったく育ちが異なる新日本のSHO選手についてはいかがでしたか？

田村　いや、まだまだだね（笑）。ただ、ここで俺が「まだまだ」って言っちゃうとSHO選手も気を悪くしちゃうと思うんだけど。

――「UWFスタイルにおいては、まだまだ」ということですよね。今回は初めてなわけだし。

田村　大会後の総括では、俺もリップサービスとして「新日本にもこんな選手がいるんだな」みたいなことを言ったけどさ。「新日本プロレスってあんなものか」っていうのが正直な気持ちかな。でもSHO選手が単身GLEATのリングに上がって、ああいう気迫を見せてくれたことに対しては、素晴らしい選手だなと思う。だけどUWFの格闘プロレスの表現ではまだまだ通用しないということだけでね。

――あくまでUWFの基準で言えば、「ギリギリ及第点」ということですか？

田村　でも単身乗り込んできたことに対しては凄く評価しているし、SHO選手もUWFスタイルに少なからず興味があるからこそ、GLEATに出てきたと思うんで。一度、SHO選手とは練習をしてみたいっていう気持ちはあるね。ちょっと教えてあげたいなって。これを言うとまた「上から目線だ」って言われちゃうんだけど（笑）。俺はいまコーチ、監督の立場で言ってるから上から目線になるのよ。だから俺はUWFのコーチ、統括の立場として、可能性があると思うからこそ、SHO選手も一度こっちの練習に参加してほしいって思うね。

――まあ、SHO選手にとってもそういう経験が新日本の試合で活きるかもしれないですしね。

田村　というより、こっちに来ちゃえばいいんじゃないの？（笑）。

――そういうこと言うとややこしくなりますよ（笑）。

田村　こっちで格闘技の練習をして、また新日本に帰ればいいじゃんって思うんだけどなあ。

――中邑真輔選手も総合の技術をうまくプロレスに活かして、「キング・オブ・ストロングスタイル」としてWWEのトップクラスで活躍しているわけですしね。

田村　プロレスラーたる者、〝武器〟は持っておいたほうがいいからね。

――じゃあ、「田村潔司、弟子の敵討ちでSHOに宣戦布告！」という見出しにしときましょうか？（笑）。

田村　そうは言ってないからダメだよ！（笑）。

田村潔司（たむら・きよし）
1969年12月17日生まれ、岡山県岡山市出身。U-FILE CAMP代表。
1988年に第2次UWFの入団テストを受けて合格し、1989年5月21日に鈴木実（みのる）戦でデビュー。UWF解散後、UWFインターナショナルの旗揚げに参加して頭角を現す。1992年5月8日、異種格闘技戦でボクシング世界ランカーのマシュー・サード・モハメッドから一本勝ち。1995年12月9日、K-1のリングでアルティメット特別ルールでパトリック・スミスから一本勝ち。1996年にリングスに移籍。2000年2月26日、ヘンゾ・グレイシーに判定勝ち。2001年にリングスを退団してPRIDE、HERO'S、DREAMなどに参戦した。2020年、プロレス新団体GLEATの旗揚げに伴い、同団体のエグゼクティブディレクターに就任した。

鈴木みのるのふたり言

第97回

女子プロレスラー

構成・堀江ガンツ

FUTARIGOTO

――鈴木さんは先日、仙女のビッグマッチ、6・27新潟大会に出場してましたよね。ボクも取材に行きたかったんですよ。里村（明衣子）さんもめったに日本に帰って来られなくなるので、鈴木さんと対談でもできたらいいなと思って。

鈴木　来ればよかったじゃん。

――でも先に取材が決まっていたRIZIN大阪大会が同日だったんで。

鈴木　あの〝ヘッドバット〟ね（笑）。

――よくご存知で（笑）。鈴木さんと里村さんの最初の接点はなんだったんですか？

鈴木　里村と直接話すようになったのはちょうど10年前。俺が東日本大震災のチャリティーイベントを新宿FACEでやるとき、ギャラなしで出てくれる人を探していたんだけど、なかなかいなくてさ。それで髙山（善廣）が一緒にやってくれるとなったときに俺はピンとひらめいたんだよね。「現地にいるじゃん、女子レスラーが。里村って出られないかな？」って。

――仙女は被災者ですからね。

鈴木　だから復興のシンボルじゃないけど、里村と髙山を対戦させたかったんだよ。それで当時、仙女はみちのくプロレス傘下だったから新崎人生に電話して、「里村にこういう話を振りたいんだけど、どう思う？」って聞いたら「いやー、無理じゃないですか」って言うんだよ。「えっ、なんで？」って聞いたら「彼女はミックスドマッチ否定派なので、まずやらないと思いますけど」って。

――昔はそうだったんですよね。

鈴木　それで俺が「聞くだけ聞いてもらえないか？」って言ったら「わかりました」ってことになって。そうしたらすぐ電話がかかってきて「まさかのビックリで、即答でオッケーが出ましたよ」って（笑）。そのときが里村と話すようになった最初だね。

──震災がつないだ縁だったんですね。

鈴木　あれから10年経って、新潟で里村と一緒に撮った写真をインスタにアップしたんだよ。「彼女との付き合いも10年になるんだな。（中略）いまは凄くいい仲間だ。俺がイギリスに行くことがあったらおごってくれよ」みたいなことを書いたら、海外のファンが何を勘違いしたのか「コングラチュレーション！」「グレートカップル！」ってコメントが次々と来たんだよ。また翻訳ソフトがやらかして、俺と里村が交際してるって思ったんじゃないの？

──交際期間10年（笑）。

鈴木　そうそう。「10年も交際してたのか！」「これは凄い発表だ！」みたいな感じでさ（笑）。

──鈴木みのると里村明衣子の交際宣言だったら、海外のファンは特に興奮するでしょうね。佐々木健介＆北斗晶を超えますよ（笑）。

鈴木　おもしろいからほったらかしにしておこうと思って。どうせ海外のオタクが騒いでるだけだから（笑）。

──鈴木さんもそうですけど、里村選手も海外ではストロングスタイルのリビングレジェンドですからね。

鈴木　里村とはこれまで何度かタッグを組んだことはあるんだけど、対戦したことはないんだよね。アイツは「対戦したい」って言ってたんだけど、なかなかチャンスがなくて。今回の新潟も都合上、俺と里村のタッグチームになったんだけど、そのかわりに試合前にスパーリングをやったんだよ。

──それも里村さんからの要望ですか？

鈴木　前に俺がリング上で橋本千紘とスパーリングをやってたら、里村が凄くうらやましそうに見ていたことがあるんだよ。だから今回「おまえ、俺とスパーリングやりたいの？」って聞いたら、「はい、やりたいです！」って言うからちょっと一緒にトレーニングしてね。そうしたら橋本が横を通ったから、「橋本！　リングに上がれ！　やるぞ！」って呼んだら「えっ、また？」って顔をして（笑）。

──前にスパーリングした橋本選手をまた巻き込んで（笑）。

鈴木　それで橋本は俺からタックルが取れなくて凄い悔しそうな顔をしてたよ。意外と俺はまだまだ動きが速いからね。気がつけば、試合前にリング上でスパーリングで向かってくるヤツの相手をするって、昔の藤原（喜明）さんと同じことをやってるよ（笑）。

──いま、寝技のスパーリングという文化も失われつつありますけどね。

鈴木　でもレスラーには必要なことだよ。いま、試合中に相手が〝仕掛けてくる〟なんてことは世界中どこに行ってもほとんどない。いまはレスラーの質自体が上がったし、みんなプロレスの質を上げようとリングに上がってるから、仕掛けてくるヤツなんていないんだけど。それでも99パーセントなくなっただけで、残りの1パーセントはまだいると思ってるんだよね。それが来たとき、もしやられてしまったら「負けた」という既成事実ができてしまう。会社がそいつをクビにしたとしても、やられて「弱い」というイメージがついてしまったら取り返しのつかないことになる。まして俺なんか、世界中で「強い」っていうキャラクターで売ってるわけだしね。

——築き上げてきたイメージが台無しになってしまうわけですね。

鈴木　俺はアメリカで「マーダー・グランパ」って呼ばれてるんだから。直訳すれば「殺人おじいちゃん」だよ（笑）。

——53歳の殺人鬼ですね（笑）。

鈴木　でも、その「鈴木みのる」というキャラクターを守るためには、懐刀を常に磨いて持っていて、いつでも出せるようにしておかなければいけないと思ってるんで。

——「強い」というイメージの人ほど、それをやられる可能性があるわけですもんね。

鈴木　「スズキ相手にどうせかなわないなら一発喰らわせてやれ！」っていうヤツはいまもいるからね。特に女子プロレスラーなんかそういうヤツが多いんだよ。いきなりバコーンって来るから（笑）。だから誰に対しても甘い顔はできない。

——力の差があるはずの女子ほど危ないと（笑）。

鈴木　女子レスラーとやるときにいちばん気をつけてるのはそれだよ。「かなわないならいいや、やっちゃえ！」ってなるから。

——間違ってアゴに入って失神でもしたら大変ですからね。「鈴木みのるが女子に失神させられた」って言われ続けますよ。

鈴木　だから絶対にアゴには入れさせないし、女子相手でも緊張感を持って試合しているよ。

——「本当はおそろしいミックスドマッチ」というのは、いい話ですね。

鈴木　それでこないだ里村をスパーリングでちょっといじめてあげたとき、「おまえ、こういう練習を全然してないだろ？」って言ったら「最近やってないですね」って言うから、「おまえを強くさせてるのは筋肉じゃないよ」っていう話はしたんだけどね。これはゴッチさんに教えられたことなんだけど、「相手が拳銃を持っていたとしても、相手の利き手の人差し指をヘシ折れば、もう拳銃を撃つことはできない」って。

——いざというときのそういう技術を持っておけ、ということですね。

鈴木　だから里村に「これから海外に行ったら、こういうトレーニングをするチャンスもなかなかないだろうけど、ベンチプレスで強くなるくらいだったらボディビルダーがいちばん強いよ。走って強くなれるんだったらマラソン選手がいちばん強いよ。レスラーなんだからレスリングの練習をしなきゃ」って。やっぱり忙しさにかまけて、その練習がちょっとおろそかになってたんだろうね。でも橋本は強いです。普通に。「あれ、男とやってるのかな？」と思ったもん（笑）。だからアイツは好きだね。

——里村さんは今後、ＮＸＴ ＵＫのトップ選手兼コーチとして本格的にイギリスに住居を移すようですけど。ＷＷＥのメインロースターとして大活躍しているＡＳＵＫＡ選手とも鈴木さんは一騎打ちをやってますよね。

鈴木　なんなら紫雷イオともやってるからね。鈴木みのると対戦した女子レスラーはみんな世界に羽ばたくのかな（笑）。ＳＡＲＲＡＹとはやったことがないけどね。

——鈴木さんに向かっていくような根性がある人だからこそ、世界を相手にやっていけるんでしょうね（笑）。

鈴木　変人だよ（笑）。華名（ＡＳＵＫＡ）なんかはそうだったね。

——シングルでやってグチャグチャにしたんですよね（笑）。

鈴木　あれは放送禁止ですね（笑）。

——あれはＡＳＵＫＡ選手が本気で向かってきたからこそ、それに応えたという。鈴木さんは彼女たちと対戦するようになって、女子プロレスに対する印象が変わったりもしました？

鈴木　いや、昔は「別物」と思っていたこともあるけど、俺が現代プロレスに戻ってきてからは、どれだけ俺が否定しようが何しようが、そいつが存在してカネを稼いで生きていることには変わりはないから。否定も何もしないし、同じ「プロレスラー」だと思っているよ。それに俺は女子プロレスに助けられたこともあるしね。

――どういうことですか？

鈴木　俺らが藤原組を抜けてパンクラスを旗揚げする前、練習する場所がなかったんだけど。社長になってもらう尾崎（允実）さんが全女の広報を人を知ってるってことで紹介してもらったのがロッシー小川さんだったんだよ。それで「全女の道場が空いている日、ボクらに使わせてもらえませんか？」ってお願いして、「この日とこの日だったらいいよ」って快く貸してもらったんだよ。

――そういえばパンクラス旗揚げ前、全女の道場で練習してましたけど、そういう経緯があったんですね。

鈴木　それまで公園や原っぱで各自バラバラで練習してたから、リングがあって屋根があるところでみんなで練習できることに感動して、髙橋義生なんか全女の道場で泣き出したからね（笑）。

――いい話ですね～。

鈴木　そんな付き合いがあったんで、パンクラスを旗揚げしてからはよく全女の選手が総合格闘技の試合をやる前、ウチの道場に練習に来てたんだよ。それも小川さんからの話で。

――堀田祐美子とかですね。

鈴木　堀田祐美子も来たし、井上京子も来たかな。あとは前川っていう選手も来たね。

――前川久美子選手ですね。

鈴木　そのあと小川さんがアルシオンっていう団体を立ち上げて、団体ごと練習に来たからね。

――アルシオンは空中殺法とサブミッションが売りという、いま考えると不思議なコンセプト団体でしたからね（笑）。

鈴木　あと、ライオネス飛鳥は個人でちゃんとパンクラスの道場に入会して練習に通ってきてたよ。そういった流れがあったんで、俺は女子レスラーと一緒に練習するのもそんなに違和感がないというか、その頃から同じ勝利を目指す同業者っていう目で見てたんで。

――ある意味で女子プロレスへの恩返しでもあったりして。

鈴木　古くは「道場を貸していただきありがとうございました！」っていう相手なんでね（笑）。パンクラス旗揚げ前、業界で誰も俺たちに協力してくれる人がいない中、唯一、手を差し伸べてくれたのが全女だったから。

――当時、船木&鈴木は新日本で猪木さんと坂口さんを怒らせ、UWFで前田さんを怒らせ、藤原組で藤原さんを怒らせた、とんでもない問題児という目で見られて、業界から総スカンを食っていたわけですもんね（笑）。

鈴木　それでSWSでは天龍さんにケンカを売ってさ、ホントにとんでもないガキどもだよ（笑）。そんな俺たちを唯一受け入れてくれた当時の全女には、いまでも感謝してるね。

プロレスがわかれば世の中が、
そして世界が見えてくる。

プロレス社会学のススメ

斎藤文彦×プチ鹿島

活字と映像の隙間から考察する

撮影：タイコウクニヨシ　写真：平工幸雄　司会・構成：堀江ガンツ

第16回

プロレスラーと引退

ほかのプロスポーツとは意味合いが大きく異なるプロレスラーの「引退」。

テリー・ファンクや大仁田厚は引退表明後に約1年間にわたって大々的に引退ツアーを行ったが、わずか1年数ヶ月後に復帰したことで大きな波紋を呼び、そして引退から復帰という流れはプロレス界の慣習ともなってしまった。

この「現役復帰」に嫌悪感を示すプロレスファンはけっして少なくないが、あらためてプロレスラーの引退について深く考察してみたい。

「テリー・ファンクが1年後に引退を正式に宣言した頃、全日本は新日本に観客動員数もテレビ視聴率も大きく差をつけられていた」（斎藤）

――今回は「プロレスラーと引退」をテーマで話していこうと思うんですけど。以前、鹿島さんとは「プロレスラーの復帰とバンドの再結成が似ている」という話をしたことがありましたよね。

鹿島　プロレスリング・マスターズを観に行ったときですよね。ボクはあの興行を初回から観ているんですけど、いわゆるベテランやOBが出るほかの興行とはちょっと違っていて、「これはなんだろう？」と思ったとき、ガンツさんに「バンドの再結成に似てる」と言われて凄く納得したんですよ。単なる懐メロではなく、いまを生きている姿をリング上で見せて、40代以上のファンが会場に詰めかけて熱狂しているというね。

――いまはミュージシャンも、20代で売れた人が60代以上になっても現役バリバリだったりする人も多いので、そこも似ていますよね。

斎藤　猪木さんがいま78歳で、ミュージシャンでは吉田拓郎、井上陽水がそのあたり？

――そのちょっと前くらいですね。拓郎が75歳、陽水が72歳ですから。

斎藤　浜田省吾や甲斐バンドの甲斐よしひろは？

――60代後半ですね（ともに68歳）。桑田佳祐と佐野元春が65歳で。

斎藤　音楽に引退はないですからね。アルバムを作り、ライブを続けていくこと。だからプロレスは音楽に近いですよね。

鹿島　ファンが一緒に歳をとって、それなりにお金を使えるというのは、ホントに豊かなジャンルだなって思いますよ。

――若い頃、夢中になったスーパースターがいまでもがんばっている姿は見ていてうれしいものですけど、プロレスラーの場合、引退していながらあっさり復帰しちゃうので、いろいろ言われるわけですよね（笑）。

斎藤　それは悪い伝統だと思いますか？

――ボクは復帰は悪いと思わないんですけど、ファンの喪失感を煽って大々的に引退をビジネスにしていながら、いともあっさり復帰する例があるから「騙された」っていう怒りにもつながってしまうんだろうなと。

斎藤　大仁田厚のようにですか。

――また、それを最初にやってしまったのが、日本プロレス史上最大のアイドル人気を誇った外国人レスラーであるテリー・ファンクですよね。

鹿島　あの引退フィーバーは凄かった。たしかテリーの引退で1年くらいシリーズを回りましたよね？

斎藤　そうでしたね。「来年の夏に引退」と謳って1年やったんです。

――さらに言うと、１９８０年の時点で「３年後の誕生日に引退する」っていう発言もあったので、3年引っ張ったとも言えるんですよね（笑）。

斎藤　雑誌のインタビューで、テリー本人としては「ヒザのケガもあるし、あと3年くらいやって、あとは牧場でのんびりしたいな」ぐらいの漠然とした願望を語っただけだったようなんですけど、その発言がことあるごとに使われるようになったんですよね。

――本人の意図とは違う形でアングル化していってしまったという。

鹿島　テリーの発言に全日本が乗っかっていった感じですかね。

斎藤　全日本と、おそらくそれをテレビ的に加工したのは日本テレビでしょうね。

鹿島　なるほど。引退試合も特番で生放送でしたもんね。

――で、なぜ全日本と日テレが「テリー引退」ということを仕掛けたかというと、当時の日本のポップカルチャーシーンは「引退」「解散」がトレンドだったんですよ。

鹿島　ああ、たしかにそうですね。

――１９７８年のキャンディーズ解散が社会現象になったことを皮切りに、70年代末から80年代半ばにかけて、ある種の「さよなら」ブームが起こるという。

鹿島　キャンディーズ解散に続いて、山口百恵の引退ですよね。

――あれが１９８０年ですね。それ以外にも１９８１年のアリス解散とか、１９８３年のＹＭＯ解散（散開）とか、後楽園球場、日本武道館でさよならコンサートをやるのがトレンドになって。しかもその引退、解散に向けて、大スターの人気がさらに爆発するという現象が起こっていた。それをプロレス界で初めてやったのがテリー・ファンクだったわけですよ。

鹿島　もちろんテリー本人はそんなムーブメントは知らず、「3年後に引退したい」的なことを口にしたら、まわりが「じゃあ、それをやっちゃおう」となったわけですよね。

斎藤　ボクはテリー本人からそのへんの話を聞いたことがあるんですけど、テリーが「1年後に引退」を正式に宣言した頃、全日本は初代タイガーマスクの出現で大ブームになった新日本に観客動員数でもテレビ視聴率でも大きく差をつけられていたんですね。蔵前国技館で創立10周年記念興行（1981年10月9日）をやっても、その前日に同じ蔵前でやった新日本に差をつけられてしまって。

鹿島　馬場&ブルーノ・サンマルチノ組がメインのやつですね。

斎藤　そうでした。サンマルチノと上田馬之助が絡んだっていう異次元カードがありました（笑）。でも興行的には新日本の完勝で、馬場さんも相当頭を抱えていたらしいんです。だからテリーは、自分の引退宣言は全日本の人気挽回のための一種のカンフル剤だったことを暗に語っていましたね。

鹿島　ということは、全日本が「テリー引退」というコンテンツ、切り札を作ったということなんですね。

斎藤　その切り札を全日本が切ったんですよ。「このままじゃ、差が開く一方だ」ということでね。テリーが「1年後の引退」を宣言した1982年、新日本はタイガーマスクが人気絶頂で、第1回IWGP開催に向かって盛り上がって、藤波vs長州の名勝負数え唄がスタートした時期でしたから。

「日本のプロレス史で考えると、力道山も引退しないでこの世から去ってしまって、大スターの引退ということに対してファンも慣れていなかった」（鹿島）

鹿島　それに対抗するには「テリー引退」しかなかったと。

斎藤　そしてトップシークレットで、引退から1年後の復帰もすでに決まっていた。

鹿島　引退前から復帰の時期まで決まっていた！（笑）。

斎藤　だって引退後もテリーの来日スケジュールは決まっていて、試合はしないけど、ドリーのマネージャーとしてシリーズに帯同したり、タキシードを着てジャンボ鶴田とニック・ボックウィンクルのAWA世界戦のレフェリーをやったりしていましたからね。

――来日の頻度は引退前と変わってないんですよね（笑）。

斎藤　そうなんです。もちろんギャランティも保証されていたんでしょう。

鹿島　引退した1983年の時点でテリーはいくつだったんですか？

――38歳ですね（笑）。

鹿島　バリバリじゃないですか！（笑）。

――いまの飯伏幸太、内藤哲也の1歳下ですから（笑）。冷静に考えれば、本当に引退するわけないっていう。でも山口百恵はハタチで引退して、その後いっさい表舞台に出て来ませんでしたからね。

鹿島　そのおかげで「引退＝二度と観ることができない」という印象がより強まって、プロレス界も影響を受けてしまったという（笑）。

斎藤　あそこまで表舞台に出ないことを徹底しているのは山口百恵くらいじゃないですか。たいていの人は結局顔を出しちゃいますよね。

――キャンディーズも解散後にそれぞれ芸能界復帰はしましたけど、メンバー同士が公の場で顔を揃えるのは、スーちゃん（田中好子）のお葬式まで結局なかったんですよ。

鹿島　だからこそ、山口百恵もキャンディーズも伝説になりえたんでしょうね。

――それなのに同じくらい感動的な引退を行ったテリーは、たった1年で復帰しちゃったから、よけいに「なんでだよ！」ってなったという（笑）。

鹿島　ライト層というか一般の人たちはそうだったと思いますけど、当時のプロレスファンはどう思っていたんですかね？

斎藤　信じていたと思いますよ。

鹿島　日本のプロレス史で考えると、力道山も引退しないでこの世から去ってしまったし、大スターの引退ということに対してファンも慣れていないわけですよね。

――女子プロレスは別として、本当のトップレスラーの引退って当時はまだ一度もなかったんですよね。吉村道明、山本小鉄とか、バイプレイヤー的な選手の引退ならありましたけど。

鹿島　プロレス界では大スターの引退という先例がないからこそ、「さよならテリー・ファンク」とか、完全にキャンディーズ解散みたいなノリで大々的にやっちゃったんですね。

斎藤　引退を〝信じ込ませるため〟というわけじゃないんだろうけど、「このままだとテリーのヒザが破壊されて、歩けなくなってしまう」ということをことさら強調したんですよね。

鹿島　ヒザが悪いのは本当だけど、ちょっと盛りすぎちゃったという（笑）。

――また当時のテリーは、女子高生とか若い女のコのファンがもの凄く多かったから、熱狂もエスカレートしてしまって。

鹿島　引退試合なんか蔵前国技館に女のコの親衛隊が多数詰めかけて、みんな号泣でしたもんね。

斎藤　ホテルでの出待ちが凄く多かった時代でした。ファンクスの場合は少年少女のファンが特に多くて、テリーは最後のひとりまでサインと写真撮影をしてくれるので、そのやさしさでよけいに好きになってしまうんですよね。だから、たとえばサブゥーの元奥さんのミブゥーさんなんかは、ポンポンを持ったテリーの親衛隊でしたからね。

――ライガーの奥さんもテリーの追っかけで、ボクは以前インタビューしたことがあるんですけど、「あのときは『テリーが死んだら、私も死ぬ』っていうくらいの気持ちだった」と言ってました（笑）。

斎藤　「テリーが死んじゃう！」ってファンが泣き叫ぶシーンは、オープンタッグ選手権でブッチャーがテリーの左腕にフォークを突き刺したことに始まり、ハンセンがブルロープで絞首刑のようにするシーンに引き継がれるわけですけど、いまになってみれば、そもそもあれがテリーの大きな見せ場でもあったわけですよね。でもカムバックしたあとに同じようなことをしたら、ファンからブーイングされちゃったんです。

――要は魔法が解けちゃったという。

鹿島　「まさか、1年で復帰なんてありえない！」って感じで、みんなギョッとしちゃったわけですよね。

――引退後、ドリーのマネージャーとして来るぶんには、ファンも継続してテリーに歓声を送っていたんですよ。でも引退からちょうど1年後の田園コロシアム大会での馬場&ドリーvsハンセン&ブロディに乱入して血だるまにされて、「もう許せない！　復帰してアイツらとやってやる！」と宣言したんですけど、ファンは全然乗ってこなかったという。

鹿島　だから、そこが「引退」に対する日本人の潔癖なところですよね。「だっておまえ、辞めたよね?」っていう。しかも、キャンディーズ、山口百恵、王貞治の潔い姿を見ているだけになおさら反発が強まって。

斎藤　そのあたりは馬場さんでさえも目論みを誤ったんでしょうね。だから、あれだけみんなに愛されたテリーが戻ってくるというのに、歓迎ムードよりも明らかに裏切られた感が強かった。テリー自身、ファンの反応の鈍さには気づいていて「なんでこんなに?」と思っていたようです。

――そしてテリーは1984年の最強タッグで復帰が決定。『全日本プロレス中継』でも、復活へのカウントダウンということで、アマリロまで特訓映像を撮りに行って、毎週「テリー復活」を煽ったんですけど、ファンの機運は一向に高まらなかった。

鹿島　だって引退して1年しか経っていないわけですからね。

斎藤　そこはテレビ的な発想の傲慢さのようなものを感じますよね。

「タイガーマスクの引退は完全に新日本の御家騒動だったけど、テリー引退は興行そのものは盛り上がったがその後の復帰でミソをつけた」(斎藤)

――しかもその最強タッグ期間中に、長州力率いるジャパンプロレス軍団が参戦してきて。テリーとハンセンの因縁なんかどっかにいっちゃったんですよね。

斎藤　だからテリーの引退と復帰もそうですが、ジャパンプロレスとの提携にしても、ダイナマイト・キッド&デイビーボーイ・スミスの引き抜きにしても、事実上、日本テレビ主導でしょ。日テレから「いまのこのメンバーだと視聴率が取れない」と言われたから、全日本はテレビ局の意向で動いたわけで。

鹿島　結局はテレビ局同士の戦争ですよね。それもまだお金があった頃の。

――だからテレ朝『ワールドプロレスリング』に出ていた〝数字が取れる〟人気選手を引っ張ってくるという。

斎藤　〝数字が取れる選手〟っていう発想自体が凄くテレビ的で、純粋にプロレスと接しているファンからすれば、なんとなくいかがわしいじゃないですか。だけど日テレとしては、それだけ当時の日本人エースであるジャンボ鶴田、天龍源一郎に対する評価が低かったんでしょうね。

――正直、80年代前半においては、新日本の猪木、藤波、長州、タイガーマスクに対して、全日本の馬場、鶴田、天龍は、人気の面で大きな差がついていましたからね。

鹿島　その新日本人気に唯一対抗できたのがテリー・ファンクだったから、引退フィーバーや1年で現役復帰みたいなことを半ばやらされてしまったわけですよね。

――そして日テレからすると、当時大人気だった長州力もほしいし、タイガーマスクもほしい。なんだったら、中身は本人じゃなくてもいいってことで2代目タイガーマスクにもGOサインが出たんでしょうしね(笑)。

鹿島　あれはビックリしましたよね。大人の世界が垣間見えた瞬間というか。「なんで全日本に違うタイガーマスクができてしまうんだ?」っていう。

――1984年7月の蔵前で2代目タイガーマスクの初お披露目があったとき、徳光和夫さんがリング上で前口上をやって「タイガーマスクが日本テレビに帰ってまいりました！」って言ったんですよ。つまり、アニメの『タイガーマスク』はもともと日テレなんですよね。

斎藤　元祖は昭和40年代の日テレのアニメで、佐山タイガーのデビューに合わせてテレ朝で放送されたのは『タイガーマスク二世』でした。

――だから、徳光さんは『タイガーマスク』は、もともとウチのコンテンツだよ」っていう。プロレスファンからすればそんなの関係ねえよっていう話なんですが（笑）。

斎藤　そこでそのロジックを持ってくるっていうのはとても政治的なことですからね。

――で、話を「引退」に戻すと、80年代ってじつは馬場、猪木も「引退間近か？」と言われていたんですよね。試合に負けたりすると「馬場、引退か？」みたいなことが毎回のように言われていたじゃないですか。

鹿島　『週刊プロレス』の創刊号は表紙がタイガーマスクでしたけど、その半年後くらいに週刊化した『ゴング』の創刊号表紙は、馬場、猪木を交差させて「年内そろって引退説」という表紙でしたもんね。あいかわらず価値観は月刊時代のままで、よく語られるエピソードですけど、あれはおもしろかったですよね。

――なぜ、馬場、猪木の二大巨頭に引退説がやたら出たかというと、その前にプロ野球のONがグランドを去っているんですよね。王貞治引退と長嶋茂雄監督解任が同時に来て。だからONが辞めたあと、同じ大衆人気スポーツ選手として、馬場、猪木が40代になってまだやっているのはおかしいっていう空気が世の中にあったんですよ。

鹿島　当時のプロレスは、よくも悪くもプロレスファン以外の人にも広く観られるコンテンツだったから、プロ野球と同じ俎上に乗せられてしまったわけですね。

――実際、馬場さんは全日本の親会社である日テレから引退勧告をされて。それもあって、鶴田、天龍にエースを譲った流れもあって。

斎藤　そして新日本のほうは、猪木さんの体調問題があったんですね。実際、1981年に猪木さんはアンドレ・ザ・ジャイアントとのMSGシリーズ決勝戦を棄権していますけれど、あのときの猪木さんのボロボロぶりは当時すでに身体的な衰えを指摘されていた馬場さんよりもひどかった。

鹿島　そんな中で1983年8月にテリーの引退試合があり、その数週間前にはタイガーマスクが突然引退してしまうという。

斎藤　あれこそホントの引退というか、廃業ですよね。新日本からの発表がまったくなくて、メディアでの発表だけでした。

鹿島　だから、リアルな引退っていうのはシャレにならないんだっていうことを気づかされましたよね（笑）。

斎藤　プロレスにはリアルな引退と、リアルじゃない引退があるっていうことがわかってしまった。

鹿島　1983年8月は、テリー・ファンクとタイガーマスクという、全日本、新日本それぞれの一番人気選手が同時に、しかも対照的な引退をしたっていうのが面白いですよ。

斎藤　タイガーマスクの引退は完全に新日本の御家騒動でしたけど、テリー引退のほうは興行そのものは盛り上がったんですが、その後の復帰でミソをつけてしまった。

鹿島　引退試合が感動的だったことで、あっさりと復帰したときの反動も凄かったですよね。

斎藤　引退したのに来日だけはし続けて、ファンの前から消えたことが一度もなかった。

――その年の最強タッグではマネージャーとしてフル参戦していますからね（笑）。

鹿島　百恵ちゃんが引退したあとも、『ザ・ベストテン』や『夜のヒットスタジオ』に司会者としてずっと出ているみたいな状態ですよね（笑）。

斎藤　ただ、それはテリーひとりでやったことではないんですね。日本テレビの局Pや馬場さんたち、みんなで考えた路線でした。

鹿島　つまりテリーは、その〝役〟を引き受けたわけですよね。全日本と日テレの視聴率のために。毎週番組で煽って、最後に特番で引退興行っていうのもまさにテレビマンの発想ですよ。

――だからテリーは当時のテレビ局同士の戦争に巻き込まれた被害者とも言えるんですよね。

斎藤　そのテリーの引退ロードを大仁田厚は全日本のジュニアヘビー級選手として間近で見ていたので、いつか自分もこういうふうにやろうと思ったんだと思いますよ。だって心の師ですから。

――ベビーフェイスとしてのファイトスタイルも、テリー・ファンクそのままですもんね。

斎藤　大仁田厚は若い頃、試合の遠征じゃなくても、テリーが暮らすアマリロの家に泊まりに行ったりしていたんですよ。だからテリーのことをそれぐらい大好きなんでしょう。

「大仁田厚の物語だって、最初に全日本で引退してから始まっていますもんね。引退から始まるっていうのも凄いけど（笑）」（鹿島）

――つまりFMW時代の大仁田厚は、テリーを完コピしたっていうことですよね。

鹿島　引退ツアーも1年かけてやっていましたからね。

――そして引退後、1年ちょっとで復帰して、ファンのブーイングを浴びるところまで一緒で（笑）。

鹿島　大仁田さんの引退試合のとき、週プロが「これだけの引退試合を行ったからには、もう二度と復帰は許されない」みたいな感じで、ガチの牽制球を投げてましたよね？（笑）。

――ああ、ありましたね（笑）。

鹿島　ボクは当時、もちろん業界の事情なんか知りませんけど、「もう復帰の噂があるんだろうな」と思いながら読みましたけどね（笑）。

斎藤　マスコミの中でも、たとえば『週刊プロレス』編集次長だった宍倉（清則）さんみたいにシュートで怒る人もいるんですよ。「いやいや、大仁田なんだから、そりゃいつかは復帰するでしょ」って多くの記者は思っていたんですけど。

鹿島　だからボクもあのときの週プロの記事が記憶に残っているんですよ。「なんでこんなに怒ってるんだろ？」って。

斎藤　女子プロレスラーの米山（香織）選手が引退の10カウントゴングが鳴らされる途中で「やめてー！」って言って、本当に引退するのをやめたことがあったんですけど、あのときも宍倉さんは異常なくらい厳しい書き方をしていましたからね。辞める辞めないの決断は、あくまで本人の問題であるはずですけど。

鹿島　よっぽど百恵ちゃん信者なのか、妙に潔癖なんですね（笑）。

斎藤　世の中のズルさ、オトナのズルさみたいなことが許せなかったんでしょうね。これと同様に、大仁田厚が復帰したときも本気で怒っていた人が一定数いたんです。

――大仁田厚もテリーと同じで、引退ロードがあまりにも盛り上がりすぎたんですよね。

斎藤　実際、引退試合でハヤブサにバトンタッチして去ったように見えましたから。それがあんなにもアッサリと帰ってくるとは思わないから。それで大仁田が帰ってこようとしたとき、新生FMWの選手たちもシュートでそれを阻止しようとした。

――大仁田厚は、創業者であり圧倒的な権力者だった自分は、引退してからのFMWの絶対的な権力者のままだと思っていたんでしょうけど、そうではなかったわけですよね。ボクは馬場、猪木がなかなか引退しなかったのも、それがわかっていたからだと思うんですよ。ましてや80年代まではテレビ局の力が強かったから、自分が一線から退いたが最後、排除されかねないという。

斎藤　そうかもしれないですね。実際、80年代初頭に全日本は本当に傾きそうになっていて、日本テレビから出向してきた松根（光雄）さんが1982年から1989年まで社長に就いているんですよね。だからタイガー・ジェット・シン、スタン・ハンセン、維新軍らの引き抜きや、テリーの引退も含めて、すべてテレビ的なテコ入れの一貫だったんです。

――だから馬場さんは会長職に棚上げされたあと、引退勧告してきた日テレに対する妥協案として、エースの座は鶴田と天龍に譲って、自分は前座に回ることで引退を回避したという。

鹿島　猪木さんも国会議員になるというのが、いい落とし所だったんでしょうね。

斎藤　もしも落選していたら新日本の現場

を離れることはなかったでしょう。そうしたら闘魂三銃士の台頭もなかったかもしれない。

――そして大仁田の場合、FMWで復帰が歓迎されなかったことで、単身新日本に乗り込んで新たな邪道路線が生まれたわけだからたくましいですよね。そしてテリー・ファンクも全日本で復帰が歓迎されなかったことで、80年代後半はWWEと専属契約してヒールになり、その後、90年代はアメリカのインディーシーンでハードコアの第一人者になるという。

斎藤　90年代のアメリカのインディーシーンではトップ中のトップでしたからね。テリーvsサブゥーで全米を回ったんですよ。

――テリーは50歳近くになってから、インディーのリビング・レジェンドとして狂い咲きしたわけですよね。

鹿島　大仁田厚の物語だって、そもそも全日本で最初に引退して、そこから始まっていますもんね。引退から始まるっていうのも凄いですけど（笑）。

――『キッズ・リターン』じゃないですけど、1回目の引退では本当の意味で「まだ始まってもいねえ」状態だったわけですもんね（笑）。

斎藤　まさか大仁田厚が主役の団体があそこまでブレイクするなんて、FMW旗揚げ当初は誰も思わなかったでしょう。

鹿島　だからプロレスはおもしろいですよね。

斎藤　おそらく大仁田自身の感覚では「自分はずっと主役だ」っていうのがあるんでしょうね。ヒザを怪我して全日本を辞めたことも、一時期、肉体労働で生計を立てていたことも、自分が主役の大河ドラマのワンシーンだったんですよ。

――そして1993年に川崎球場でやった大仁田vsテリーの時限爆破マッチが、いまになってAEWでケニー・オメガvsジョン・モクスリーという形でオマージュされるという。

斎藤　そうですね。大仁田vsテリーは、ケニー・オメガがファン時代にコレクションしていたビデオの中でいちばんお気に入りの試合なんだそうです。ジョン・モクスリーも同じく根っからのマニアだから、少年時代に日本の試合のビデオを観ていて。

鹿島　アメリカのスーパースターが、じつは少年時代、日本のプロレスに憧れていたという。

斎藤　だからモクスリーは永田さんと試合する前、「俺、ナガタとやるのか。すげーな！」って興奮しまくっていた。永田裕志と闘えるのは凄いことだという、そういう新しい世代の新しい価値観が出てきたんです。

――モクスリーは、蝶野正洋戦での大仁田の入場シーンがあまりにもカッコいいってことで、テーマ曲を『ワイルドシング』にしちゃったほどですもんね（笑）。

斎藤　凄い話ですよ。

鹿島　いまになって大仁田がアメリカで再評価されていると。しぶといな～（笑）。

斎藤　アメリカの人たちは、大仁田厚をオルタナティブ・ロックみたいな感覚で観ているんでしょうね。

「これからの時代は一般の人たちも『引退』というものがなくなってくるわけだから、プロレスラーの生き方はひとつの指標、指針になると思う」（斎藤）

――そうしたら大仁田自身も、アメリカでの自分の再評価の波に乗っかって、FMW-Eという電流爆破専用の新団体も旗揚げしちゃって（笑）。

斎藤　コロナのパンデミックがある程度収まったら、AEWは大仁田本人を一度呼んで、本家電流爆破をアメリカでやると思いますよ。AEWはケニーvsモクスリーで電流爆破をやってはみたものの、最後の時限爆弾が子どもだましの花火みたいで失笑を買っちゃったんですよね。

――室内でやったこともあって、爆破がショボかったんですよね。最後なんか本当に子どもの頃にやったドラゴン花火みたいで。

斎藤　向こうの特効さんもどれくらい火薬の量を使えばいいか、どれだけ音が重要か、わからなかったんでしょう。FMWは電流爆破のときはそのための特効のスペシャリストのおじいさんがいたんです。

鹿島　爆破演出のプロがいたんですね。

――またFMWは何度も失敗を経験して、試行錯誤した上で電流爆破、地雷爆破が完成したわけですもんね。

斎藤　有刺鉄線ロープなんかもその人が張らないとピンとならなかったりするんですよ。

鹿島　職人芸なんだなあ。

斎藤　それで有刺鉄線を張ったときにサードロープの下のところにスペースを作って、レスラーがスルッと滑り込んでリングに入れるようにしたでしょ。あのスペースを作ったのもそのおじいさんなんです。

――『8時だョ！全員集合』のセットを作っていた美術スタッフとか、『仮面ライダー』の爆破演出をしていた人がいたのと同様に、そういうプロが大仁田厚の爆破マッチにはいたわけですね。

斎藤　その後、IWAジャパンも川崎球場で電流爆破をやりましたけど、やっぱり大仁田vsテリー・ファンクの爆破のほうがはるかに凄かったんです。そして爆破の集大成が川崎球場でやった大仁田2度目の引退試合で、最後の最後に時限爆弾が爆破したあと、リングが煙に包まれて、その煙が消えると大仁田とハヤブサがリング中央で重なり合って倒れているという名シーンになるんです。

鹿島　その技術革新はなんなんですかね。NHKの『プロフェッショナル 仕事の流儀』で取り上げたほうがいいですよ（笑）。

――だから大仁田もテリーも、復帰したときはファンに反発されましたけど、時が経っていまだにファンに愛されているし、現役のトップ選手たちに尊敬されているわけだから、素晴らしいと思いますね。

斎藤　だからプロレスラーは一生プロレスラーだし、たとえ引退試合をやったとしても、それは「いっときの別れ」という感じで捉えればいいんだと思う。また会えるかもしれないし、会えないかもしれない。でもプロレスラーはリングに上がっていなくても、レジェンドとして生き続ける。

――ボクはプロレスラーの引退って、宴会の「中締め」だと思っているんですよ（笑）。「ここでいちおう本編は終わりですよ」って一度締めておいて、「お時間が許す方は、このあとも楽しんでいってくださいね」っていう感じで。

鹿島「そうすると、またいいことがあるかもしれないよ」っていうことですよね。だからいちおう締めておくってことで。

――それでいいんじゃないかって。「中締めしたのに、まだ続けてるじゃないか！」って怒る人はいないので（笑）。

鹿島　映画『ノマドランド』みたいなものですよね。あの作品の中で、Amazonの倉庫に季節労働者が集まるじゃないですか。そこで働いたあと、また三々五々で別れてそれぞれが生活をして、そしてまたどこかで会う。ノマド生活者があの中で言われているのは、さよならがないんですよね。「また会えるかもね」みたいな。もちろん会えなくなる人もいるけど、またどこかで会えるっていう。だからシビアな作品のようでいて、どこか気が休まる感じがあるんですよ。

斎藤　ロードームービー的な感じですね。ボクにはひとつ夢があって、中古のバンを1台買ってインディーのコたちを乗せてボクが運転して、地方のインディー団体を回りたいんですよ。新幹線移動とかは高いじゃないですか。だから5人くらいで同乗して、みんなで高速代とかワリカンして、サービスエリアでメシを食ったりとか、そういうのをやりたい。それで北都プロレスのクレイン中條さんのところに行きたいんですよ（笑）。

――北海道をバンで旅しながら、各地でプロレスを見せていくって、ちょっとおとぎ話感があっていいですね（笑）。

斎藤　東京でリッキー・フジとかミス・モンゴルとかを「行く?」って誘って、北海道で大矢剛功と合流したりして。みんなでリング作りをして、試合後はみんなでご飯を食べに行って、安い宿に泊まってね。それがボクの夢なんです。

鹿島　いいですね〜。プロレス版『ノマドランド』をぜひ（笑）。

――それこそまさにプロレスの原点という感じもありますしね。

鹿島　それを考えると、テリーの引退はテレビ局の事情で決められてしまった側面が強かったわけですけど、いまは「自分たちが自活できればいいじゃん」という価値観が出てきて、そっちのほうがもっと自由な発想でいいですよね。

斎藤　きっと力道山時代から馬場、猪木がトップに君臨していた80年代までは、地上波のテレビ局が予算をすべて持ってくれるプロレス中継番組の世界観があって、だからこそ〝テレビの事情〟が最優先されてきたわけですよね。でも90年代以降はそうじゃなくなったからこそ、自由を得たという面もあった。

鹿島　芸能界もそうでしたけど、昔は「引退」という私事（わたくしごと）が、自分ひとりの一存ではけっして決められなかったのが、いまは本当に自分の道は自分で決められるようになりましたもんね。

斎藤　大仁田厚という人は、FMW全盛期、どんなに人気があっても地上波テレビ局で定期放送があったわけじゃない。だからこそ、一座の座長として引退も復帰もそれから試合カードから何からすべて自分で決めることができたんですね。そういう意味では、大仁田厚はプロデューサーとして時代の最先端をいっていたのかもしれない。

鹿島　いまはレスラーそれぞれ、違う生き方があっていいっていう感じになりましたからね。昔、会津にプロレス団体が巡業に来たときだけ、団体関係なく出場する米村天心さんというプロレスラーがいたじゃないですか。

――元・国際プロレスのレスラーで、普段は会津でちゃんこ屋をやっていて、全日本か新日本が会津に来たときだけ復帰するんですよね（笑）。

鹿島　あれなんか、いまの世の中の生き方を先取りしていましたよ（笑）。

斎藤　栗栖正伸が関西の興行に突然出たり。

──いま、そういうレスラーが増えているんですよ。越中詩郎や仲野信市がいま長野県に住んでいて、信州プロレスのビッグマッチや、大きめの団体の長野の大会だけ、たまにゲスト出場したり。

斎藤　あの人たちは長野に住んでいるんですね。ケロさん（田中ケロリングアナウンサー）も地方在住ですね。

──ケロさんは仙台ですね。

斎藤　いまの時代、東京を捨てて、地方で自分のペースでプロレスと関わっていくチョイスもちゃんとあるんだなと思いますね。

鹿島　まさに『ノマドランド』ですね。いいじゃないですか。

斎藤　大矢剛功選手も神戸に住んでいて、北海道で北都プロレスに出たりとかしているわけでしょ。べつに東京じゃなくてもいいっていうのが凄くいいですよね。

鹿島　プロレス界の引退って特殊ですけど、その一方で新しい生き方みたいなのが反映していますよね。

斎藤　これからの時代は、一般の人たちも本当の意味での「引退」「リタイア」というものがなくなってくるわけじゃないですか。それが本当にいいことかどうかは議論の余地を残すところではあるけれど、定年後も働くのが当たり前の世の中になっている。だから一線を退いたあとも、自分のペースで仕事を続けていくという意味でも、そういうプロレスラーの生き方はひとつの指標、指針になると思う。プロレスラーは、リングを離れてもやっぱりプロレスラーだから、「引退」というのはないということですよね。

プチ鹿島
1970年5月23日生まれ、長野県千曲市出身。お笑い芸人、コラムニスト。
大阪芸術大学卒業後、芸人活動を開始。時事ネタと見立てを得意とする芸風で、新聞、雑誌などを多数寄稿する。TBSラジオ『東京ポッド許可局』『荒川強啓 デイ・キャッチ！』出演、テレビ朝日系『サンデーステーション』にレギュラー出演中。著書に『うそ社説』『うそ社説2』（いずれもボイジャー）、『教養としてのプロレス』（双葉文庫）、『芸人式新聞の読み方』（幻冬舎）、『プロレスを見れば世の中がわかる』（宝島社）などがある。本誌でも人気コラム『俺の人生にも、一度くらい幸せなコラムがあってもいい。』を連載中。

斎藤文彦
1962年1月1日生まれ、東京都杉並区出身。プロレスライター、コラムニスト、大学講師。アメリカミネソタ州オーガズバーグ大学教養学部卒、早稲田大学大学院スポーツ科学学術院スポーツ科学研究科修士課程修了、筑波大学大学院人間総合科学研究科体育科学専攻博士後期課程満期。プロレスラーの海外武者修行に憧れ17歳で渡米して1981年より取材活動をスタート。『週刊プロレス』では創刊時から執筆。近著に『プロレス入門』『プロレス入門II』（いずれもビジネス社）、『フミ・サイトーのアメリカン・プロレス講座』（電波社）、『昭和プロレス正史 上下巻』（イースト・プレス）などがある。

兵庫慎司のプロレスとはまったく関係なくはない話

第74回　若い男、つるむよね

2020年の秋頃から、3回目の緊急事態宣言が出て、スーパー銭湯・日帰り温泉・サウナ等の、多くの温浴施設が閉まった2021年4月25日までの間。毎週末、普段自分が行かないエリアの、スーパー銭湯や日帰り温泉の類いに行く、という生活を、僕は送っていた。コロナ禍以前は、土日は100%ライブに行っていたが、その数が激減して、ヒマになったので。

近くでは、大井町や荻窪や巣鴨など。ちょっと遠くでは、立川や板橋や横浜や北浦和など。もっと遠くでは、藤沢や横須賀や箱根などまで、すべて日帰りで足を伸ばした。トータルで30軒は行ったと思う。それ以外の、普段から行く銭湯やサウナを合わせると、40軒以上になります。

ということをやってみて、わかった。サウナブームが爆発したのは、コロナ禍以降であることを。何年も前から、何度も、サウナブームだと言われてきたが、本当の意味で広がったのは、コロナ禍がきっかけである。ということを、身体で実感した。

土日の午後なんて混む時間に行っているんだから、混むのは当然とも言えるが、であるにしても、コロナ禍前とはレベルが違う。サウナに入るために、浴場内で並ぶのはあたりまえ、その施設自体に入れなくて、外で20分30分、ディズニーランドのアトラクション待ちのように並ぶことも、めずらしくない。

旅行などの他の娯楽を封じられた人たちが、一気に温浴施設になだれこんできた、そういう印象を受けた、どこに行っても。というのが、それまでと比べて、20代から～30代前半くらいの若い男が、目に見えて増えたのだ。で、若い男って、ひとりで来ないのね。少なくてもふたり、多いと5人とか6人とか。で、そうなると、しゃべるのね、ワイワイと。どんなに「黙浴！」とか「会話は禁止です」とか貼ってあっても。

サウナの中でしゃべっているのは、見かねて注意したことがある。そうすると、僕と同じくイライラしていた周囲のおっさんたちが、一斉に視線を向けてきたり、中にはうんうんと頷く人もいたりして、味方に

兵庫慎司

兵庫慎司（ひょうご・しんじ）1968年生まれ、広島出身、東京在住、音楽などのライター。音楽サイトDI:GA ONLINEに『兵庫慎司のとにかく観たやつ全部書く』、月2回ペースで連載中。https://www.diskgarage.com/digaonline/zenbukaku
こんなにサウナ好きなんだから仕事にしたほうがいい、サウナライターの仕事もしたいな、と思った時期もあったが、いまは「混むから人に紹介したくない」という気持ちのほうが勝っています、すっかり。

ついてくれるので、注意しやすいのです。「あんたが注意しろよ」とは思うが。

しかし、露天スペースで、半身浴しながらワイワイしゃべっていたりするのは、数が多くて注意しきれない。移動しながらずっと注意し続ける、という、「プールの監視員か俺は」みたいな状態になるので。

子どもがほっといても平気な歳になったおっさんは、夫婦で来るから、風呂場ではひとりになる。あと、独身だろうが所帯持ちだろうがひとりで来るのが、おっさん、というのもある。独身だろうがそうじゃなかろうが、週末に友達と集まったりしないので、おっさんという生き物は。

というこれ、温浴施設に限らないですね。飲み屋とかもそうですよね。緊急事態宣言中でも開いている居酒屋でウェーイとかやっていたり、渋谷の道端で集まって飲んでいたりするの、たいてい若い奴だ。そうだ、前に小田嶋隆さんが書いておられたな、緊急事態宣言であらためて実感した、若者は群れる生き物である、みたいな話を。おっさんはひとりか、せいぜいふたりだし。

というふうに。おっさんやジジイと異なる若い男の特徴、それは群れること。という事実を、若い時から群れられなかった（友達が少なくて群れられなかった）私は、この歳になって、改めて学んだのでした。

当然、そのような事態は、スーパー銭湯や日帰り温泉に留まらない。都心の有名サウナやニューウェイブ銭湯（新しくてきれいでおシャレでサウナ代が高めな、意識高めな銭湯のこと）でも増えている、ふたり以上で来る若い男の客。

そうじゃない普通の銭湯でも、「あそこは古いけどきれいでちゃんとしている」という認識が広まると、たちまち混む。以前なら、年金暮らしの爺さんが一番風呂を目指して集まる開店直後と、一仕事終えた勤め人たちがやって来る17時30分以降、その間の16時台を狙えば空いていた銭湯も、「おいあんたら、仕事は!?」と言いたくなるほど、若い世代がひしめいていたりするのだ。このへん、仕事がリモートになっている人が多いのも、関係あるんだろうな。

そんなふうに行き場をなくした僕が辿り着いたのは、「古いカプセルホテルに付いていて、1時間１３００円とか１１００円とかで入れるサウナ」である。ボロくて、意識が低くて、サウナサイトの口コミでさんざんな書かれ方をしているようなところであればあるほど、いい。

どこに行っているのかは、書きません。最近、そういうサウナであっても、「ふたり以上で来てしゃべる男」が増え始めていて、「ああっ……」ってなっているので。

そんな話を、僕と同じくサウナ好きの、お金持ちの知人にしたところ、同意してくれた。で、だから最近は、サウナが部屋に付いている超高級ホテルや超高級グランピング施設に行っている、ということを教えてくれた。参考にならねえ。

というようなことを、次回は書こうと思います、と井上ヤマモト編集長に伝えて、「でもほんと、そうですよね。家庭持ちの男は、週末に男同士でつるまないですよね」と送ったら、こんな返信が。

「なんとなく家にいたくないので、ずっとひとりで事務所にいます！」

HENTAIZADANKAI

玉袋筋太郎の変態座談会

TAMABUKURO SUJITARO

ミスター無我

OSAMU NISHIMURA

西村修

文京区役所庁舎からこんにちは! 独自のプロレススタイルで一世を風靡した無我の伝道師がいまこそ語るマル秘エピソードの数々!!

収録日:2021年7月7日　撮影:橋詰大地
試合写真:平工幸雄　構成:堀江ガンツ

[変態座談会出席者プロフィール]
玉袋筋太郎（1967年・東京都出身の53歳/お笑い芸人/全日本スナック連盟会長）
椎名基樹（1968年・静岡県出身の52歳/構成作家/本誌でコラム連載中）
堀江ガンツ（1973年・栃木県出身の47歳/プロレス・格闘技ライター/変態座談会主宰者）
[スペシャルゲスト]西村修（にしむら・おさむ）
1971年9月23日生まれ、東京都文京区出身。プロレスラー。東京都文京区区議会議員。高校在学中に新日本プロレス学校に入門し、卒業後の1990年に新日本プロレスに入団。1991年4月21日、飯塚孝之戦でデビュー。1993年の第4回ヤングライオン杯に準優勝後、アメリカに海外武者修行に出発してGWF、スモーキー・マウンテン・レスリング、ECWなど各地のインディー団体を転戦する。1995年に帰国し、藤波辰爾の自主興行『無我』にもレギュラー出場を果たす。1997年、欧州に海外修行へ出発し、CWAマットに参戦。1998年1月4日に凱旋帰国を果たし、独自のプロレススタイルを確立するも、その後ガン（後腹膜腫瘍）宣告を受け長期欠場して療養に専念する。2000年に復帰するも2006年1月24日に新日本プロレスを退団。「無我ワールド・プロレスリング」設立や全日本プロレス移籍などを経験して、2011年2月、政治家への転身のため全日本を退団。2011年の東京都文京区議会議員選挙に立候補して当選を果たす。現在、同区議会議員3期目。

「ワクチンよりも、ＰＣＲ検査よりも、食を整えることの重要性を訴えてきたのが、ズバリ私の政策です」（西村）

ガンツ　玉さん！　今回の変態座談会はなんと文京区役所庁舎での開催です！

玉袋　『スナック玉ちゃん』経営者の俺としては、今日はまず陳情だよ！　また緊急事態宣言が出て、東京都は酒類提供禁止になったことについて、西村区議の考えを聞かせていただきたい！

西村　私も飲食店を厳しく締めつけるようなことには極めて反対なんですよ。

玉袋　あっ、そうなんですか！

西村　私はそもそも「食育」というのが大きなテーマで、ワクチンよりも、ＰＣＲ検査よりも、食を整えることの重要性を訴えてきたのが、ズバリ私の政策ですからね。飲食店の営業を制限して、ふたりだからいいとか、３人だからダメとか、そういったことに対しては反対の立場なんです。

玉袋　滞在時間は90分までとかね（笑）。

西村　そんなことで経済を落とすのではなく、正しい食事、運動、休養こそが大事である。人間の免疫力を高めましょうと。これはコロナが始まる前から、すべてに対しての罹病対策ということで訴えている私の柱の政策ですよ。認知症しかり、成人病しかり、子どもたちの体力、学力の低下、あとは犯罪発生率に至るまで、間違った食事による低血糖状態がその要因のひとつですから。

椎名　すべては食事の問題！

西村　おもしろいデータがあってですね、99パーセントの犯罪者のそのときのコンディションが低血糖状態にあるんです。

玉袋　そうなんですか？

西村　そうなんですよ。だからすべて食事なんですね。キレやすいとか、善悪の判断がつかなかったりするのは。

ガンツ　お酒に関しては西村さんもかなりお好きですもんね。

西村　好きですけど、私は甲類関係は飲まないですよ。

玉袋　ケミカル系はいかないってことですね（笑）。

西村　やっぱり本醸造を飲むか、純米を飲むかで次の日に頭が痛くなるかどうかが全然違いますもん。

玉袋　じゃあ、ストロング酎ハイは飲まねえってことで。お酒に関しては〝ストロングスタイル〟じゃないわけですね（笑）。

西村　ああいうのはケミカルの酔い方じゃないですか。

椎名　ケミカルの酔い方（笑）。たしかに翌日のダメージがひどいですもんね。

玉袋　それで牛乳よりも安かったりするもんな（笑）。

ガンツ　お酒もちゃんとしたものを飲みましょう、ということですね。ゴッチさんなんかも健康のためもあって赤ワインを毎日飲んでいたんですよね？

西村　ゴッチさんは亡くなるまでずっと赤ワインを飲んでいましたね。

椎名　たくさん飲まれるんですか？

西村　基本的にふたりで3本くらいは最低でも飲みますね。

椎名　マジっスか!?

玉袋　カール・ゴッチvs西村修は3本勝負ってわけですね（笑）。

ガンツ　しかも時間無制限3本勝負（笑）。

玉袋　巌流島決戦だな（笑）。

ガンツ　というわけで、今日は西村さんのレスラー人生についてうかがっていきたいんですけど、もともと文京区出身なんですよね？

西村　もちろんそうです。

玉袋　ボクは西新宿なんですけど、文京区のどこなんですか？

西村　生まれも育ちも大塚なんですよ。

玉袋　大塚美容形成外科だ。

西村　いや、じつは大塚美容形成外科は豊島区になっちゃうんですよ。

玉袋　区の境目なのか。じゃあ、角海老宝石か。

西村　角海老も豊島区なんですよ。大塚駅が豊島区ですから。私が生まれ育ったのは丸ノ内線の新大塚駅のほうで、そこは文京区なんです。プロレス界でもけっこういますよ。小佐野（景浩）さんが千石、カブキさんが白山。

椎名　カブキさんってそんな上品なところに住まわれているんですか？（笑）。

西村　奥さんの実家が白山なんです。

ガンツ　カブキさんの出身は「高千穂」を名乗っていたくらいですから、宮崎県ですよね。

「新日本プロレス学校というプロに近いところに高校生のときに通っていたら、学校に行くのがバカバカしくならなかったですか？」（玉袋）

玉袋　文京区出身ということは、西村さんもプロレス小僧で後楽園ホールに通っていたクチですか？

西村　いや、たまにですね。ファンでしたけど、子どもにとってはチケット代も高かったですからね。

玉袋　プロ野球の外野席とは違うもんな。

西村　私の初観戦は、猪木さんがＩＷＧＰでハルク・ホーガンに倒されたあと、復帰した最初のシリーズですね。昔の池袋スケートセンターで小学6年生でした。

ガンツ　西村さんがプロレスラーを目指したのはいつからですか？

西村　目指したのは中3ですね。
玉袋　柔道とかやっていたんですか？
西村　いや、そのときはバレー部でした（笑）。
玉袋　でもデカかったんじゃないですか？
西村　身長だけですよ。もうガリッガリで。
ガンツ　若手の頃は凄く細かったですもんね。
西村　太れなかったんですよ。それで高校1年のときに神田のYMCAでアマチュアレスリングとウェイトトレーニング、水泳をやるようになって。猪木さんが東京プロレスの公開練習で使っていたのがそこだったんで。高校2年のときにその体育館は取り壊されちゃったんですけど、ちょうど山本小鉄さんが新日本の道場で「新日本プロレス学校」を立ち上げたので、学校が終わるとそこに通うようになったんです。
玉袋　出ました、プロレス学校！
椎名　高校とプロレス学校のダブルスクールだったんですね（笑）。
西村　道場はもう14時頃から開いてるんですけど、小鉄さんがいらっしゃるのは18～20時で、月曜から金曜まで2時間みっちり教えてもらいましたね。
玉袋　学費はいくらだったんですか？
西村　月1万5000円ですね。
椎名　それなら安い！
西村　月1万5000円で新日本の道場が使い放題で、毎日2時間、小鉄さんの指導つきですから。
玉袋　ちゃんこはつかないですよね？（笑）。
西村　つかないですね。
玉袋　かわいがりは？
西村　それは鈴木みのるがやってました（笑）。
玉袋　出たー（笑）。
西村　まだ新人でしたけど、プロレス学校の連中を捕まえてはスパーリングでグッチャグチャにやっていたんですよ。
ガンツ　「稽古つけてやる」と言って、グチャグチャにしていたと（笑）。
玉袋　プロレス学校の同期は誰になるんですか？
西村　けっこういましたよ。新日本だと三澤（威）トレーナー、あとは大利（博史）さんっていう長州さんの付き人までいった方がいたんですけど、すぐに辞めちゃったんですよ。あとは全日本の浅子覚、Uインターの金原弘光、みちのくのサスケ、中島半蔵、バトラーツの池田大輔。あとはちょこっと天山が入ってましたけど、数カ月ですからね。
ガンツ　天山さんはプロレス学校に通い始めて、すぐに入門できたってことですね。
西村　もともと自分で身体を鍛えていたんでしょうね。私は高校に通いながらでしたけど、彼は1年浪人していますから。

椎名　プロレス学校はどれくらいの期間あったんですか？

西村　4年くらいじゃないですか。

ガンツ　でも、まともに活動していたのは2年間くらいだったっていう（笑）。

西村　最初の2年間は、月曜から金曜まで小鉄さんがコーチについてくれていたんですけど、糖尿病が悪化されて来られなくなったんですよ。そこから中島半蔵がなぜかインストラクターみたいな立場になって。

玉袋　でも、そういうプロに近いところに高校生のときに通っていたら、学校に行くのがバカバカしくなりませんか？

西村　いや、それが3年間無遅刻無欠席で皆勤賞ですね。

玉袋　それは偉い！

西村　それでお金が必要ですからバイトもやって、後楽園球場でビール売りですね。昔は男の仕事でしたから。

玉袋　当時のキックバックはいくらでした？

西村　キックバックは27円ですね。

玉袋　ですよね。コーラのキックバックがちょっとだけ安いんだよ（笑）。

西村　ビールは500ミリ缶が600円でしたね。ちょうどスーパードライが出たばかりの頃で、その前はキリン生っていうのがあったんですよ。

椎名　青いやつですよね。ボク、高校生のときにあれが好きでした（笑）。

西村　それまでキリン生がいちばん売れていたんですけど、スーパードライが出て一気に抜かれちゃったんです。

「よく言う〝ラッパ〟で上に乗られるのがいちばんキツい。痛いよりも苦しいほうが人間って苦痛なんです」（西村）

玉袋　当時、かなりいいお金になったんじゃないですか？

西村　コンビニの時給が580円、デニーズが650円の時代に、ビール売りは2時間で8000円くらいになりましたから。高校生にとってはいいバイトですよ。

ガンツ　しかも足腰のトレーニングにもなるし。

西村　そうそう。そこがいちばんですよ。

ガンツ　そして高校卒業後、晴れて新日本に正式入門されるわけですけど、西村さんたちの新弟子時代が歴代でいちばん厳しかったって言われていますよね。先輩にライガーさん、橋本（真也）さんがいて、後藤達俊さんなんかもいて。

西村　あと佐々木（健介）さんもいましたから。

玉袋　出たー！　その名前を聞くだけでもうヤバいよ（笑）。

椎名　鈴木みのるは？

西村　もうUWFに移籍していなかったですね。

玉袋　それだけが救いだよ。佐々木健介に、船木、鈴木までいたら誰も残んねえよ（笑）。実際、新弟子として入門すると、プロレス学校のときとはまったく違うわけですよね？

西村 まったく違いますよ。注意されたり怒られたりするより前に、まず暴力ですから。

ガンツ 暴力が当たり前（笑）。

西村 私を含めて同期は5人だったんですけど、ひとりは入門を辞退して、天山ともうひとりはすぐに辞めちゃいましたから。

ガンツ 天山さんは一度、1週間もたずに辞めてるんですよね。

西村 3泊4日ですね（笑）。

玉袋 それ、GWの旅行だよ（笑）。西村さんは入門する際、ご両親への説得は大丈夫だったんですか？

西村 もちろん反対されましたよ。特に母、あとはおばあちゃんですね。最後は泣かれましたから。

玉袋 言ってみりゃオウム真理教に入るようなもんだよ。道場なんてカルトなんだから（笑）。

椎名 「修行するぞ！」どころじゃないくらい、厳しい修行を強いられるし（笑）。

西村 とにかく練習はキツイですよ。スパーリングなんか手も足も出ないですし。関節を極められる激痛もキツいですけど、よく言う〝ラッパ〟で上に乗られるのがいちばんキツい。痛いよりも苦しいほうが人間って苦痛なんですね。

ガンツ 心拍数が上がっているのに呼吸ができなくて、溺れているようなもんだって言いますもんね。

西村 スクワット何千回、腕立て何百回やってヘトヘトになってからスパーリングですから。もうグチャグチャ。叫び声も「ウー」しか出ないですよ。それが毎日続くので、次の日のことを考えただけで怖くて眠れないんですけど、それ以上に身体が疲れきっているので2秒で爆睡して。

玉袋 それで気づいたらすぐ朝なわけだもんな。朝から絶望するね。

西村 気が休まるのはトイレに入っているときと、お風呂に入っているときの一瞬だけですね。食事はある意味、練習より苦しいですから。細かった私の場合、無理してもの凄い量を食べなきゃいけなかったし。

玉袋 ノルマはどれくらいだったんですか？

西村 ラーメンのどんぶりで5杯が目標なんですけど、5杯なんて食えないですよ。ラーメンどんぶり大盛りですから。

椎名 そりゃ、みんな糖尿病になりますね（笑）。

玉袋 基本的に休みはないんですか？

西村 ないです。練習もそうですけど、朝から夜中まで先輩方から用事を言いつけられるので。

ガンツ 橋本さんが夜型だから、夜中に道場に来ちゃうんですよね（笑）。

西村　ライガーさんもすぐ近くに住んでいますから、ずっと寮にいるんですよ。

ガンツ　合宿所を出されたのに、わざわざすぐ近くに住んでたという（笑）。

西村　後藤さんもですね。多摩川土手の手前ですから。

ガンツ　めちゃくちゃ近いじゃないですか（笑）。

玉袋　後藤さんは土手が似合う男だよ（笑）。

西村　ライガーさんはさらに手前で、道場の5軒隣とかそんな感じですから。

椎名　よりによってクセが強い人ばかり近くに残って（笑）。

西村　もう24時間体制の雑用があって、キツいのは練習だけじゃないんですよね。

玉袋　24時間オープンのエニタイムのジム状態だよ！

ガンツ　どんな雑用があったんですか？

西村　まず洗車から始まって、あれ買ってこい、これ買ってこい。

椎名　洗車？（笑）。

西村　ワックスをかけて。それが毎日ですよ。指紋がひとつでもあったらやり直しで。

「西村さんは物静かだけど芯が強いというイメージがありますけど、そういうタイプは逆に先輩から攻撃されやすいんですかね」（椎名）

椎名　それを言いつけるのは誰なんですか？　ライガーさんですか？

西村　ライガーさんは気楽なクルマに乗っていたんですけど。

ガンツ　ホンダのシティに乗ってたんですよね（笑）。

椎名　そうなんだ。チャラいねー（笑）。

玉袋　破壊王はベンツだもんね。

西村　ベンツの前にインフィニティに乗っていたんですよ。

椎名　破壊王はワックスがけにうるさいんですか？

西村　うるさいですよ。もの凄く神経質ですからね。

ガンツ　あんな大雑把に見えて、そういうことは神経質で（笑）。

玉袋　クルマとかにうるさそうだもんな。

西村　あとは拳銃ですね。空気銃じゃなくてバネ銃を買ってくるんですよ。凄い固いやつを大阪で。

玉袋　それは完全に違法のやつですね（笑）。

西村　それでスズメとかを撃ったら死んじゃうんですよ。それなのに近所のオジサンを狙ったり。

ガンツ　合宿所の窓がちょっとだけ開いて、そこから狙撃するという（笑）。

椎名　悪いヤツだねー（笑）。

西村　天山を裸にして空き缶をポコチンにテーピングでぶら下げて、それを標的にしたこともありましたね。

玉袋　ポコチンにぶら下げた空き缶を標的にされたり、オデコに爪楊枝を刺されたり、大変だな～。そりゃ、かわいがりだわ。

ガンツ　西村さんもいろいろやられているんですよね？

西村　散々喰らわされたりとか、頬が貫通するほどぶん殴られたり。

玉袋　えーっ!?

西村　殴られた瞬間、歯で噛んじゃったんですよ。そうしたら頬に穴が空いて、オレンジジュースを飲んだら、頬の穴から垂れてきましたから。

椎名　それはひどい。

西村　往復ビンタを20連発とかですからね。

玉袋　それは何で失敗したんですか？

西村　橋本さんを新横浜までクルマで送ったあと、私も相当なクルママニアでしたから、橋本さんの何百万もするインフィニティをガンガンにふかして、サンルーフも開けて音楽を爆音で第三京浜をぶっ飛ばしたんですよ。そうしたら車内電話がかかってきて、橋本さんが何か言ってるんですよ。よく聞こえなかったんですけど、どうせ「帰りも迎えに来い」って言ってるんだと思って、「はい、わかりました」って答えて切ったんですけど、実際は「いま、迎えに来い」だったんですよ。

ガンツ　うわ～。結果的にそれを無視したことになっちゃったわけですか。

西村　それで道場に戻って普通に練習していたら橋本さんが来て、「何をやっとるんや！」ってバコーンとやられて。それから蛇革の靴で顔面に爪先蹴りをやられたんですけど、あと2センチずれていたら失明ですよ。あのときはホントに殺意を抱きましたね。「この人が世の中からいなくなるんだったら、何十年も刑務所に入ってもいい」っていう覚悟がありましたから。

玉袋　アメとムチみたいな感じはなかったんですか？

西村　それで3～4時間くらい包丁を睨んで、どうやって殺そうか考えていたんですけど、次の日になったら凄くやさしかったり、こづかいをくれたりしたんで、それでまたイーブンになったり（笑）。

ガンツ　ちょっとのやさしさでも普段がそうだから、もの凄くやさしく感じてしまうわけですね（笑）。

玉袋　脱走はしなかったんですか？

西村　それはないですね。私は「これしかない」っていう感覚で入ったし、高校のときの仲間にも「プロレスラーになる」って散々言ってたので。それで逃げて帰ってきたらみっともないじゃないですか。

椎名　西村さんは物静かだけど、芯が強いんだなっていうイメージがありますよ。でもそういうタイプは逆に先輩から攻撃されやすいんですかね？

西村　天山と私が狙われやすかったのは、ふたりとも要領が悪いんですよ。でも大学を卒業してから入った人は上下関係を知っているんで要領がいいんです。

「西村さんは芯が強いからこそ、絶対的な権力者だった長州さんに対しても従順にならずに対立したんでしょうね」（ガンツ）

ガンツ　大学の体育会系で厳しい上下関係を経験済みなので、先輩の扱い方とかをよくわかっているわけですね。

西村　だから我々の世代の小原（道由）、金本（浩二）。そのあとの石澤（常光）、中西（学）、永田（裕志）、みんな要領がいいんですよね。なので要領が悪い私と天山が捕まることが多くて、だいたい道場内の雑用は天山で、私は外でしたね。クルマを持っていることが知られて、常に買い出しや送り迎えに行かされるようになって。

玉袋　白タクになっていたわけですね（笑）。

西村　後藤さんに「家まで送れ」って言われて、道場近くの自宅かと思ったら、名古屋の実家まで送らされたこともありましたから（笑）。

玉袋　寛水流ですな～（笑）。西村さんは付き人はされていたんですか？

西村　武藤さんに付いてました。武藤さんも厳しいのは厳しいんですけど、自分のことは自分でやられますから、その点ではほかの人よりもラクだったと思いますね。

玉袋　武藤さんはアメリカ遠征が長かったから、自分のことは自分でやるようになったのかな。

西村　橋本さんだって海外は長いですけど、橋本さんはすべて人任せですよ（笑）。武藤さんと蝶野さんは自分のことは自分でやるタイプだったので、私は荷物を持って、管理して、洗濯に行ったら終わりなんですけど。洗濯はみんなの分をやらなきゃいけないのが大変でしたね。ライガーさんのあのコスチュームを干さなきゃいけないんで。

玉袋　パンツ一丁とは違うもんな。

西村　マスクもコスチュームも乾燥機に入れられないんですよ。たまにこんなでっかいビッグバン・ベイダーやクラッシャー・バンバン・ビガロのやつもあって。

椎名　ちょっと臭いがきつそうですね（笑）。

西村　凄く臭いですよ。一度、ベイダー、ビガロ、ライガーさん、橋本さんの洗濯物を名古屋で引き受けたことがあるんですけど、たまたま凄く時間のかかるコインランドリーだったんですよ。電気の乾燥機だったんで。

玉袋　普通、コインランドリーの乾燥機はガスだもんね。

西村　電気の乾燥機は全然乾かなくて、待っている間に超絶お腹が空いてきちゃったんですね。それでコンビニにお弁当を買いにちょっとだけコインランドリーを離れたんですよ。そうしたら事件が起きてしまいまして、コスチュームを全部盗まれたんです。

玉袋　うわ～！

ガンツ　それは若手にとって大事件ですね。

西村　大事件。もう寝ないで朝まで犯人を探し回ったんですけど、結局出てこないんですよ。それで次の日がたまたま移動日で、私だけ東京に帰らせてもらって、コスチューム屋さんでベイダー、ビガロ、ライガーさん、橋本さんのコスチュームを大至急作ってもらったんです。

玉袋　えーっ!?（笑）。

ガンツ　それはもう生きた心地がしないですよね。

西村　あとはワールドプロレスリングのTシャツとかも入ってましたからね。それは雪が谷大塚駅の森下スポーツっていうところで管理してますから、そこにTシャツを取りに行って。それで次の次の日に私だけ飛行機で金沢に入ったんです。

玉袋　でも、よくそれで間に合ったよね。
椎名　じゃあ、盗んだコスチュームを持っている人がいるわけですね。
西村　いますよ。名古屋の人。
玉袋　それはネットに出たりとか確認はできてないんですか？　闘道館にあったりとか（笑）。
ガンツ　すぐ足がつきますよね（笑）。
西村　あと、当時はまだ携帯電話がなかったじゃないですか。だから基本的に洗濯したコスチュームは、その選手が泊まっているホテルの部屋のドアにかけておくんですけど、そこでの盗難というのも年に何回かあるんですよ。ファンも同じホテルに泊まっていますからね。
椎名　洗濯ってそんなに大変な雑用だったんですね（笑）。
ガンツ　もしコスチュームを紛失したりしたら、自分の命が危ないという（笑）。
西村　それぐらいの恐怖心はありましたね（笑）。
玉袋　若手時代、もの凄くメンタルが鍛えられたと思うよ。
ガンツ　西村さんは芯が強いからこそ、90年代の新日本で絶対的な権力者だった長州さんに対しても従順にならず、対立したんでしょうね。
西村　長州さんは、私が藤波さんに付いていったのがおもしろくなかったんだと思いますよ。いまはふたりでトークショーをやったりしていますけど、当時の藤波さん、長州さんはホントに仲が悪かったですから。
ガンツ　噛ませ犬事件の頃より、90年代のほうがよっぽど対立していたという（笑）。
西村　長州グループと藤波グループで完全に分かれていましたからね。もちろん主流派が長州グループなんですけど。

「帰国命令を『帰らない』で通したら、長州さんがブチ切れて『勝手にしろ！』ってガチャンと電話を切られて終わりました」（西村）

椎名　仲が悪くなったのは、藤波さんが新日本の社長になってからですか？
西村　いや、もっと前ですね。
ガンツ　藤波さんとしたら、80年代末に第2代ＩＷＧＰ王者になり、自分が猪木さんの後継者になったと思ったのに、腰のケガで長期欠場から復帰したら、新日本がすっかり長州政権になっていたのがおもしろくなかったのかもしれないですね。
玉袋　じゃあ、当時の藤波さんと長州さんは言葉も交わさないような感じだったんですか？
西村　一言も交わさず、凄く殺気立っていましたね。
椎名　リング上の対立構造とは別のリアルな対立があったんですね。

西村　完全に派閥でしたから。長州さんはアマチュアレスリング軍団も配下に入れて。それとは別に橋本さんグループもあったんですよ。そこには安田忠夫、大谷（晋二郎）、高岩（竜一）、リング屋の遠藤さん、レフェリーの田山、あとは藤田和之。

椎名　あっ、藤田さんはそっちなんだ。

ガンツ　藤田さんは押さえつけてくる長州さんと合わなくて、橋本さんを慕っていたんですよね。

玉袋　結局、その橋本グループがZERO-ONEになったようなもんだから、リアルな派閥だったんだな。

ガンツ　橋本さんと長州さんの対立が、あの〝1・4事変〟の遠因とも言われてますからね。

玉袋　藤波さんグループは、西村さん以外に誰がいたんですか？

西村　私しかいないですね。

玉袋　これもまた大変な状況だな（笑）。

椎名　藤波さんの人望というものも考えてしまいますね（笑）。

ガンツ　西村さんは、海外修行に行く前から藤波さんグループだったんですか？

西村　帰ってきてからですね。それまではイチ若手だったので。最初の海外も長州さんの思いつきで出されましたから。

ガンツ　最初の海外遠征はどれくらい行っていたんですか？

西村　1993年8月に行って、長州さんから1995年の1・4ドームでの帰国命令が出たんですけど、それを拒否したんですよ。というのは、当時WWEが全米を制圧してしまって、テリトリーが崩壊していたので、海外に行ったもののほとんど試合ができなかったんです。だから必殺技を身につけたわけじゃないし、体型もそんなに変わっていないですし。でも帰国したらもう長期の海外遠征には出られないじゃないですか。

ガンツ　しかも凱旋帰国でしょっぱかったら、レスラー人生が半分終わっちゃいますよね。

西村　そうなんです。だからクビを覚悟で帰国命令を拒否して、最後は国際電話で、坂口さん、永島さん、長州さん、また坂口さん、永島さん、長州さんと話しましたよ。

玉袋　花びら2回転してるな（笑）。

西村　1時間以上説得されましたけど「帰らない」で通して、最後は長州さんがブチ切れて「勝手にしろ！」って言われてガチャンと電話を切られて終わりましたね。

玉袋　長州さんとの対立が描かれたストーリーじゃなくて、西村さんはホントに楯突いてるのが凄いよ。でも、その後のお金はどうしたんですか？　向こうでの生活費とか大変だったと思うんですけど。

西村　大変ですよ。帰国を拒否したことで会社からのわずかな仕送りもストップされちゃいましたから。

玉袋　経済制裁をされたわけですね。

西村　それで試合も組まれないし、仕送りも止められて、もう生活ができないので、それまでフロリダに住んでいたんですけどニューヨークに移りまして、山崎五紀さんの旦那さんがやられていた日本食レストランでちょっとお世話になったんです。

ガンツ　あっ、そうだったんですか。

西村　ランチだけバイトですね。とりあえずまかないを大盛りでいただいて、ジムに行って、毎週末はどっかかならず試合が入るようになってですね。それで五紀さんのところのクルマを借りて、ケイジ中山か、もしくはシュンちゃん（シュン山口）に一緒に乗ってもらって。

ガンツ　日本人ニューヨーカーたちの協力があって、海外修行が続けられたわけですね。

西村　それで1995年1月から夏までニューヨークにいたんですけど、生活に慣れてくるとちょっと物足りなさを感じ始めて。そんなとき、猪木さんがたまたま国連の仕事でニューヨークにいらっしゃったんですよ。いちおう新日本とは連絡がつながっていたので「猪木さんを迎えに行け」と言われて、リムジンを手配してブル中野さんと一緒に迎えに行って。そこで本当は猪木さんにブラジルに連れて行ってもらおうと思っ

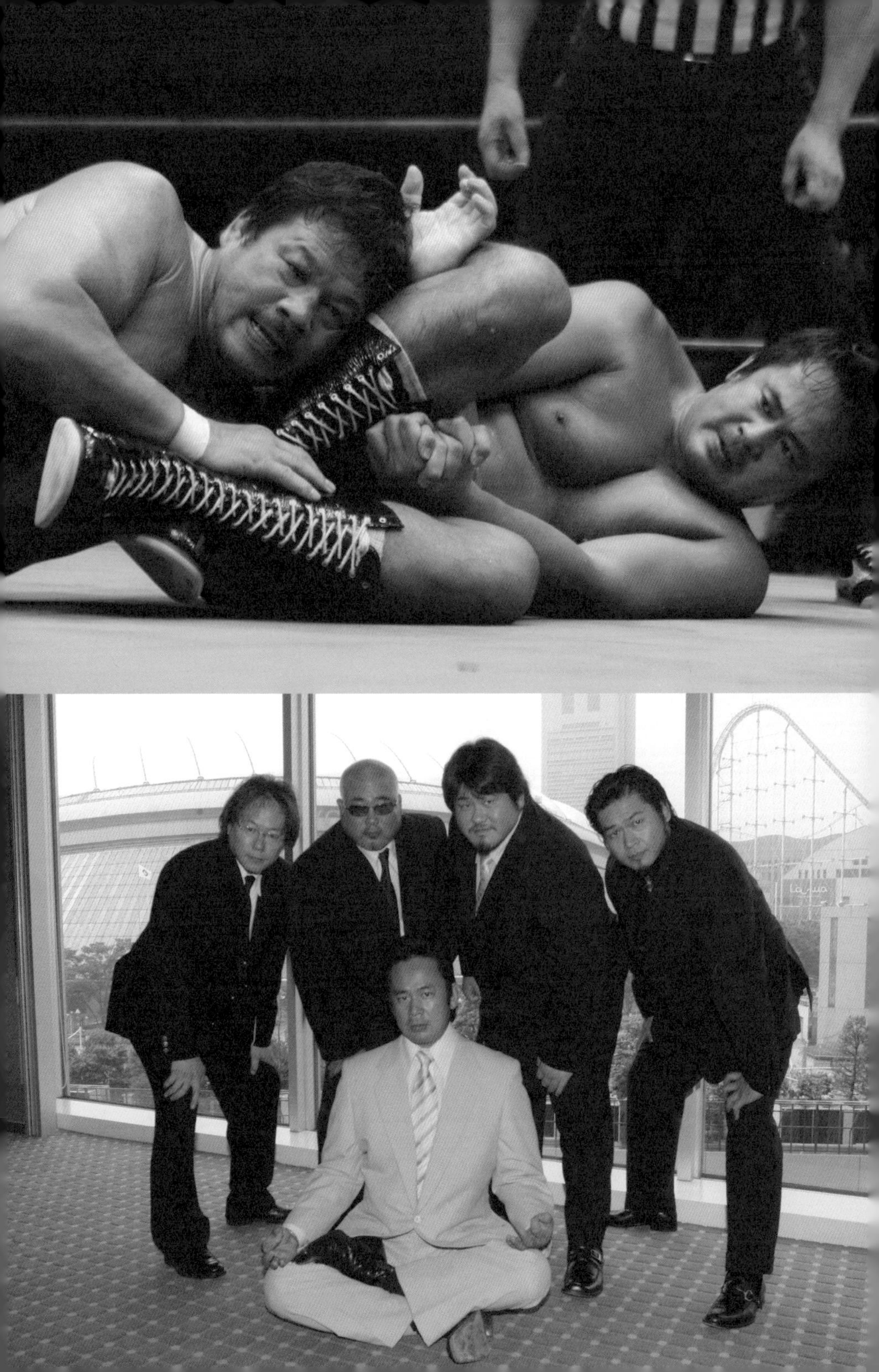

たんですよ。柔術か何かを身につけられたらなと思って。

椎名　そのときはもうグレイシーが出てきたあとだったんですね。

西村　そうです。UFCが盛り上がっていましたからね。ただ、私は格闘技がやりたかったわけじゃなくて、海外遠征中に何か新しいものを身につけなきゃいけないと思って、いろいろ模索していたんですよね。そんな形で猪木さんとお話をさせていただいたら「ヨーロッパも悪くはない」っていう話が出たんですね。ヨーロッパに行ったら何が勉強できるのか。当時、小島がすでにドイツのツアーに入っちゃっているので、その枠はない。だったらイギリスに行って伝説の〝蛇の穴〟で練習してみたいっていう思いが生まれたんですね。

「西村さんは『なるほど・ザ・ワールド』のレポーターかっていうくらい旅してるし、『世界の車窓から』の要素もあるな」（玉袋）

玉袋　うおー、スネークピットだ!

西村　でも、なんのツテもなかったので、イギリスに行く前にオランダに入って、あるツテでクリス・ドールマンの道場で1カ月練習させてもらったんですよ。

玉袋　へえー、そうなんですか。

西村　グチャグチャにやられましたけどね。連中はチョークと腕十字しかやらないんですよ。

玉袋　その頃、ドールマンの道場には誰がいたんですか?ディック・フライとかヘルマン・レンティングですか?

西村　レンティングはいましたね。フライはキック系なんで、完全にチャクリキ道場にしか来ていなかったですね。

椎名　どんな道場だったんですか?

西村　町道場ですね。団地の中にあって。

椎名　広いんですか?

西村　広いですよ。講道館ほどではないですけど、団地の中にポツンとあって。

椎名　マットが敷いてあるんですか?

西村　いや、畳みたいなのが敷かれていて、要は柔道とサンボの道場ですよ。そのアムステムダムのドールマン道場で1カ月練習したあと、できたばかりのユーロスターに乗ってロンドンに行って、さらにウィガンという北部の町に移動したんです。

ガンツ　スネークピットにはアポなしで行ったんですか?

西村　ロンドンでパブをやっているウェイン・ブリッジを紹介してもらって、「ここを訪ねたらいい」って教えてくれたんですよ。その住所をいただいてボストンバッグひとつ持ってウィガンに行って。タクシーの運転手さんに「ここに連れて行ってくれ」って言ったら、「わからない」って言うんですよ。

それでいろんな人にレスリング道場がどこにあるか聞いて、3～4時間かかってやっと町のレスリング道場があったんですけど、スネークピットとは全然違う道場で。

椎名 日本では有名でも、現地で有名ってわけじゃないんですね。

西村 でもレスリング道場を持っている監督さんが、ロイ・ウッドさんを知っていて連絡してくれたんですよ。ロイ・ウッドは、ビリー・ライレー、ビリー・ジョイスに続く、スネークピットの3代目代表で。そのウッドさんに迎えに来てもらって、そこから家に住まわせてもらってずっと練習ですね。

玉袋 スネークピット代表のところに住み込みで練習はすげえな。

椎名 どのくらいいたんですか？

西村 ちょうど1カ月くらいですね。そこからカナリア諸島にある古い武術を学びに行こうとしたんですよ。それはドールマンから強く勧められて。

椎名 へえ～！　カナリア諸島ってどこにあるかもわからない（笑）。

西村 モロッコの沖合にあるんですよ。

ガンツ ブラックタイガー（マーク・ロコ）が最後に住んでいたところですよね。

西村 そうです、そうです。

椎名 そこに武術があるんですか。それはレスリング系の？

西村 レスリング系ですね。「凄く勉強になるからそこに行きなさい」ってドールマンに言われまして。

椎名 おもしろいなー（笑）。

西村 私は鉄道マニアですから、ヨーロッパの周遊パスを買っていたんですよ。それはモロッコでも使えるので、イギリスからフランスに出て、そこからスペインに出てモロッコに行って。それでたまたまコレクトコールで日本に電話をしたら「藤波さんから話があるから、すぐに連絡を取りなさい」って言われて、藤波さんに国際電話をしたら「10月に『無我』をやるから帰ってこい」って言われまして。もうカナリア諸島に行っている時間がないので、計画を立てたツアーだけは遂行して、ギリシャまで行って飛行機でマンチェスターまで戻って、またウィガンのビリー・ライレー・ジムに戻りましたね。

玉袋 『なるほど・ザ・ワールド』のレポーターかっていうくらい旅してるぞ、これ（笑）。

ガンツ 深夜特急的な感じもありますし、凄く特異な海外修行ですね。

西村 あと私は鉄道マニアなもんですから。

玉袋 『世界の車窓から』の要素もあると。石丸謙二郎ですよ（笑）。

ガンツ 今日、お話を聞いてわかりましたけど、無我にスネークピット系の選手が来ていたのは西村さんのルートからだったんですね。
西村　もちろんです。
ガンツ　そして帰国して、無我に参加したことで自然と〝藤波派〟の立場になったという。
玉袋　新日に戻って居心地はどうだったんですか？
西村　帰国してすぐ、長州さんから六本木にあった新日本の事務所に呼び出されて、外からは見えないようにブラインドを下げられて、そこで1時間説教ですね。もうヤクザの事務所かと思いましたよ（笑）。
玉袋　事務所をまたいだら監禁されちゃったんだな（笑）。
西村　そこで頭を思いっきり叩かれて、でも最後は握手をしてくれましたけど。
玉袋　海外に残ったときは経済制裁を受けましたけど、帰国後はちゃんとギャランティーが保証されたんですか？
西村　それが坂口さんに帰国の挨拶に行ったら、「おまえの給料は止めてたけど、じつは取っておいたんだ」って言われて。送らないだけでプールされてたんですね。その通帳をいただいて。
玉袋　おっ！　いい会社じゃないですか。
西村　6カ月分くらいありましたから。そのお金ですぐに中古のリンカーン・コンチネンタルを買っちゃって（笑）。
玉袋　そこでリンカーンだ（笑）。サスケさんもみちのくの社長になったときにリンカーンの長いリムジンを買ったもんね。
ガンツ　プロレス学校卒業生ふたりがリンカーンに乗ってたんですね（笑）。
西村　天山はヨーロッパ遠征から帰ってきて、キャデラックのいちばんいい顔をしているフリートウッド・ブロアム・エレガンスというセダンを買ったんですよ。それもあって私はキャデラックはやめようと。あとみんなベンツに乗っていたのでやっぱりリンカーンだなと。

「長州&健介組と対戦したとき、試合中に公開リンチみたいなことをされたという話を聞いたんですけど」（ガンツ）

玉袋　芸能人でリンカーンに乗ってた人は草野仁さんだよ。
椎名　そうなんだ（笑）。
西村　東スポの太刀川会長もリンカーンですね。
玉袋　それで買っちゃったんですね。
西村　でも300～400万くらいでいい中古が買えちゃうんですよ。それであの船みたいな乗り心地ですからね。
椎名　アメ車ってそうなんですよね。
玉袋　いいっスねー。
ガンツ　でも西村さんが帰国したときはバリバリの長州政権

時代じゃないですか。そこで冷遇はされなかったんですか？

玉袋　ファンからすると、西村さんの居場所がねえだろうなっていう気持ちで俺は観てましたよ。

西村　まあ、そんな感じですよ。帰ってきても、武藤さん、藤波さん、橋本さんのパートナーをやって、タイトル挑戦のチャンスは与えられなかったですから。ＩＷＧＰヘビーはもちろん、タッグさえもなくて。それで若手と同じようにガミガミ怒られるし、合同練習にも出なきゃいけないし、セコンドにもつかなきゃいけないし（笑）。

ガンツ　凱旋帰国しても、新人時代と立場が変わらない（笑）。

西村　「何が変わったのかな？」っていう感じでしたね。

ガンツ　あと長州＆健介組と対戦したとき、試合中に公開リンチみたいなこともされたって話を聞いたんですけど。

西村　ドームでやったＵＷＦインターとの対抗戦（１９９５年10月9日）のあと、長州さんが休養をとるということで次のＳＧタッグリーグを欠場したんですけど、最終戦だけ出場したんですね。そのスペシャルマッチが武藤＆西村vs長州＆健介で。やっぱりやられましたよね。顔面にフルスイングのラリアットを喰らって思いっきり意識が飛んじゃって。それでカバーすれば余裕で3カウントが入るのに、長州さんが佐々木さんのところに持って行って、そこから佐々木さんがラリアットだなんだ、ドカーンと何発もやられて。１万人の

前で公開リンチですよ。

玉袋　うわー。そういう目に遭うんだ。

西村　遭いましたね。

ガンツ　そういうこともあって、帰国後1年ちょっとで2度目の海外遠征に出るんですよね。

西村　そうですね。2度目の海外遠征でヨーロッパのCWAに行って、そこで自分のスタイルがやっと見えたかなという気がします。向こうに行くと、みんなデーブ・フィンレーの影響を受けるんですよ。フィンレーは必殺技っていうのはないですから、最後は丸め込みでワン、ツー、スリーで終わっちゃうんですけど、あの間の取り方がなんとも言えないんですよ。こんなにプロレスがうまい人を初めて観たっていうくらいに。ヒールのうまさですね。

椎名　やっぱりフィンレーは凄いんだ。

西村　あとはベビーフェイスでうまい人はトニー・セントクレア、ジュニアヘビーだとフランツ・シューマンですね。フランツは日本ではあまりパッとしなかったんですけど、向こうではスーパースターですから。その3人から毎日稽古をつけてもらって、サーカスのテントみたいなところで試合をして。私はそこでお酒を覚えちゃったんですよ。

ガンツ　そうだったんですか（笑）。

西村　ドイツの田舎のほうに行くと夜はお店がやっておらず、バーしかないんですよね。それでフィンレーに「地ビールを飲め」って言われて、それをガンガン飲んでお腹いっぱいにしてから寝ると体調が凄くよくなるんですよ。そのときに「やっぱり本物のビールは体力がハンパなくつくな」と思いましたね。向こうでは子どもでも体調が悪いときはビールを温めてハチミツを入れて飲ませたりするんですよね。

玉袋　卵酒みたいなものだな。

西村　それが毎日なので、みんな酒飲みになっちゃうんですよ。あとは地ビールの会社がスポンサーだったので、控室にもたくさんあって飲み放題。そこでプロテインとかを飲んでいたらバカにされるんですよ。

玉袋　そんな公式スポンサー、アサヒビールにうらやましがられるよ。オリンピックでビールを売る売らないで大変だからさ（笑）。

西村　レスラーもほろ酔いで興奮しながら試合するから、毎回いい試合になるんですよ。

椎名　合法的なドーピングですね（笑）。

西村　向こうは本当に私に合っていました。ドイツの女性もできて。

玉袋　充実してますねー（笑）。

西村　電話代が1カ月150万かかりましたからね。当時の国際電話は高かったですから（笑）。

玉袋　ダイヤルQ2じゃないんですから（笑）。
西村　コレクトコールが1分で1000円の時代ですからね。
椎名　いまじゃ考えられないですよね（笑）。

「新団体を作るというリーダーをやっていたのはじつは藤波さんだったんですけど、いつまで経っても新日本を辞めないんですよ」（西村）

ガンツ　それで2度目の帰国後、西村さんは新日本内でも特異なポジションを築くわけですけど、いちばんいいときにガン（後腹膜腫瘍）になってしまうわけですよね。
西村　はい。病気になって1年10カ月休みましたけど、コンディションを整えたことでスタミナがもの凄くついたんですね。病気のあとのほうが自分のスタイルにつながったのかなって、いい方向に考えていますね。
ガンツ　食事もガラリと変えたんですよね？
西村　それまで肉ばっかりだったのが米ですよね。お米のパワーはホントに凄いですよ。
椎名　ヨガはどうですか？
西村　ヨガはちょっとインドに行って教室に入ったくらいなんですけど。
椎名　でも、あのときヨガをプロレスにうまく採り入れていてハネましたよね。
西村　ヨガというか座禅、瞑想ですね。実際にお寺でも瞑想の修行をしたんですよ。頭の中を無にするっていうことなんですが、基本的に目を半分閉じてずっと数をかぞえるだけなので、誰にでもできるし、いいですよ。
椎名　ガンになってインドに行こうと思ったのは、どういう発想からだったんですか？
西村　私は病院の化学療法を拒否したものですから、体質改善をしなきゃいけないっていうことですよね。そのひとつが食事。あとは台湾に行って漢方や薬膳、いろんなことをやってきましたけど。あとはオイルを身体に垂らすんですよ。
椎名　アーユルヴェーダですね。
西村　そう。アーユルヴェーダをやりにインドにはよく行きましたね。あと海水浴療法もやりました。皮膚呼吸でミネラルが身体の中に入っていくんですよ。その専門がジャマイカにあるんですけど。
椎名　そのためにわざわざジャマイカに行ったんですか？（笑）。
西村　まあ、（住んでいた）フロリダからジャマイカはすぐですから。
椎名　飲尿療法もやったって聞いたんですけど。
西村　ええ。やりました。
椎名　流行りましたもんね。

西村　マイナスをプラスにする逆転の発想があるんですよ。便はすべてカスですけど、尿は血清と一緒ですからね。いろんな臓器を通って絞られたいちばんキレイな状態なので、足りないものを修復させる不思議な力があるって言うんですよ。自分の身体から出るものなので、もちろんお金はかからないし、副作用もない。ただ固定観念で気持ち悪いっていうだけで、それで治るなら真剣に飲みますよね。

玉袋　ガンのステージはいくつだったんですか？

西村　ステージは1なんですけど、リンパのところなので早いんですよ。

玉袋　あー、怖え。

西村　しかも歳が26、27だったんで。

ガンツ　そんな若かったんですね。

西村　だから「抗がん剤よりも放射線治療をやりなさい」って言われたんですが、それでリンパのところを焼いちゃったら体調がずっと落ちますからね。それをアドバイスしてくれる統合医療の先生がいたんですよ。

椎名　そこが人生の分かれ道でもあったわけですね。

ガンツ　その後、２００５年に新日本を辞めて無我ワールドプロレスリングを旗揚げした理由はなんだったんですか？

西村　当時、猪木さんがユークスに株を売却されて、それまでの新日本ではなくなってしまったんですよ。選手もフロントも、キャリアや経験なんか度外視されて。それで「これからどうなってしまうのか」っていう危機感があった中で、毎晩のように京王プラザホテル2階のバーにみんなで集まってミーティングをやっていたんです。そのときに「新日本を辞めて、新しい会社を作ろう」っていう話になり、「みんなが辞めて新団体を作るならＵＳＥＮがスポンサーにつく」っていう話もあったんですよ。

ガンツ　新日本から所属選手のほとんどが離脱して新団体を作るという、全日本からノアができたような形になるはずだったわけですか。

西村　そうなんです。でもなかなか具体的な話が進まなくて、それから新日本にひとり残り、ふたり残りとなっていって。意固地になった人たちだけが辞めたっていう感じですね。

椎名　もともとユークスの新日本に残るはずだった人は、誰だったんですか？

西村　実際問題はわからないですけど、新日本は永田、中西、棚橋、中邑とは早い段階でサインしてるんですよ。なので、その4人以外が京王プラザに毎日集まってミーティングをしていたんです。

玉袋　へえー、そうだったんですか！

西村　だからそのミーティングにはライガーさんもいたし、飯塚さん、真壁（刀義）、邪道&外道もいましたから。それで新団体を作るのに私がリーダーをやっていたわけじゃなくて、じつは藤波さんだったんですよ。

玉袋 出た～！ 藤波さんはホントの飛龍革命を企てていたんだな（笑）。

西村 リーダーである藤波さんがいつまで経っても辞めないから、みんなズルズルと新日本に残るようになって。

椎名 またコンニャクぶりを発揮しちゃったんですね（笑）。

西村 それで半年経ってやっと辞めて、スタートが8月ですよ。

「嫌な先輩、嫌な現場監督がいなかったら反骨精神はできないですからね。そういうのもあっていまがあるのかなって思います」（西村）

ガンツ 新団体の会社を立ち上げたのは西村さんなんですか？

西村 社長を任される話は内々で決まったんですけど、ふたを開けたら藤波さんが会社登記されていて……。まあ、それはいいんですけどね（笑）。

ガンツ しっかり藤波さんのものになっていたと（笑）。でも無我ワールドは藤波派が新日本から独立したイメージでしたけど、本当はユークス派以外、全員離脱する可能性もあったと。そのために「ワールドプロレスリング」という名前の権利も藤波さんが取得しているんですよね？

西村 だから団体名に「ワールドプロレスリング」という名前を使おうっていう案もあったんですよ。

ガンツ そして「無我」は西村さんが商標を取ってるんですよね？

西村 よく藤波さんのファンから、私が「無我」という商標を勝手に取って逃げたみたいに言われるんですけど、これは藤波さんに「取れ」って言われたんですよ。

玉袋 ええ～っ？

西村 渋谷東急ホテルの中華でランチをいただきながら、藤波さんに「倍賞（鉄夫）さんが『1、2、3、ダー』とか全部押さえちゃってるから、俺は『プッシュアップバー』と『ワールドプロレスリング』を押さえてるんだ。だからおまえは『無我』を取っておけよ」って言われまして。

ガンツ 「プッシュアップバー」って、藤波さんが商標を押さえてたんですか！（笑）。

西村 それで私は10万円かけて司法書士さんに頼んで無我の商標を取ったんです。それで団体を辞めたら、私が「勝手に取っていった」みたいに言われて悪者にされているんですよ（笑）。

玉袋 ここで身の潔白を訴えておきましょう（笑）。

ガンツ 結局、西村さんが辞めたことで、無我ワールドプロレスリングはドラディションに変わるわけですけど。西村さんが2007年10月、無我から同日興行が行われていた全日本に電撃移籍したのはどういう経緯があったんですか?

西村　何かのきっかけで武藤さんと対談する番組があり、そこでは昔の思い出話で終わったんですけど、その日の夜、武藤さんから電話がかかってきたんですよ。「おまえ、何か悩み事があるだろ?　近々、メシを食おう」って。

椎名　そうやって誘うんですね(笑)。

西村　それで2~3日後に食事をしたら、武藤さんの側近の人たちも同席されていて「全日本はどうだ?」っていう話をされたんですね。それで悩みに悩んだんですけど、決断した感じですね。

ガンツ　でも同日興行をハシゴしてのダブルクロスっていうのは、インパクトありましたよ。

西村　トップシークレットだったんですけどね。それで後輩の征矢学にも説明をして「これからの話は親兄弟含めて、誰にもしゃべったらいけないぞ」って。それで「おまえ、ホントに行くか?」って聞いたら「行きます!」って言うものですから。

ガンツ　そういえば征矢さんってもともと無我なんですよね(笑)。

西村　それで私は東スポの柴田(惣一)さんと仲がよかったものですから、「柴田さん、じつは今日こういうことを起こすんですけど、クルマに乗ってもらえますか?」って言ったら「わかりました」と。

玉袋　東スポ密着取材付きだ(笑)。

西村　それで私が乱入するのは、全日本側も3人くらいしか知らないんですよ。だから「どんなにグチャグチャになってもいいから、武藤さんの試合が終わった瞬間にリングに上がれ」と。それだけ伝えられて会場に行きましたね。

ガンツ　凄いですね~。あのとき会場はどこからどこでしたっけ?

西村　無我の後楽園ホールから全日本の代々木第二に行ったんですよ。全日本がちょっと遅めの開始時間だったんでタイミングがよかったんですよね。それから藤波さんのグループとは永遠のお別れになってしまいました(笑)。

玉袋　いや~、今日は西村さんのレスラー人生が、想像以上に波乱万丈で驚きましたよ。しかも世界中を渡り歩きながら、自分で道を切り開いてきているのがすげえ。

椎名　ほかにはないレスラー人生を歩んでいますよね。

ガンツ　かつて天敵だった長州さんについて、いまはどう思っていますか?

西村　いま振り返ると、デビュー戦もそうですし、アメリカ遠征もヨーロッパ遠征も、帰国後、海外に在住しながら日本と行き来してもいいっていうのも、すべて長州さんがGOの判断をしてくださっているんですよね。だからもの凄い大嫌いですけど、感謝していますよね。

玉袋　振り返れば、そう思えるってことだな。

西村　橋本さんにも一時期はホントに殺意を持つほど殴られましたけど、なんだかんだ言ってそれで鍛えられていますからね。だから嫌な先輩、嫌な現場監督がいなかったら反骨精神はできないですからね。何をやっても負けていたでしょうし。

玉袋　まさに恩讐の彼方ってことですね。

西村　そういうのもあって、いまがあるのかなって思いますね。

椎名　西村さんの芯の強さって、そうやって作られたんだなって思います。

玉袋　そしていまや、窓から東京ドームを見下ろす文京区議会議員室という天守閣にいるわけだからな（笑）。じゃあ、西村さん、今日はありがとうございました！

西村　いえ、こちらこそ。今度は錦糸町のスナックでもご一緒しましょう（笑）。

玉袋　ぜひ！　その前に酒類提供禁止を解除してもらわなきゃな。錦糸町の新日ファンの大将がいる『一鮨』から行きましょう！

第113回「トンパチ」の語源

椎名基樹

椎名基樹（しいな・もとき）1968年4月11日生まれ。放送作家。コラムニスト。

いよいよ読むものがなくなって、Kindleペーパーホワイトの「マイライブラリー」を物色する。「坂口安吾全集444作品→1冊」が目に留まって、画面をタッチして立ち上げた。寝しなの本が尽きてしまったとき、この文豪の本というかデータ集は頼りになる。たぶん、Kindleストアに100円ほどの値段で陳列してあったものを購入したんだと思う。

ほかにも数百円で買った文豪たちの全集がマイライブラリーに収められている。しかしそれを読むことはない。書籍リーダーは、自分がいまその本のどこまで読んだのか、画面下に小さく「％」で表示される。その目安があるからこそ最後まで本を読むことができる。しかし全集の場合、何百冊と収められた全集全体の既読量が「％」で示されるから、いくら読んでも「1％」とか「3％」にしかならない。いつ終わるかもわからない物語を読み進めることは非常に困難なのだ。

読書とは読破するために、それを行っているという事実に気づく。物語に没入する快感より以前に、人はゴールにたどり着くことそれ自体を目的に読書をしているようである。

そのことに気がついたとき、私は鬼の黒崎健時率いる、黒崎道場の練習を思い出した。黒崎健時は、弟子たちに終わりの回数を明かさずに基礎練習を命ずる。師範！　読書ですら辛いのに、終わりのない腕立て伏せなんて！

閑話休題。私が『坂口安吾全集』を便利に利用させてもらっている理由は、ここに収められた作品が、どれもテレビブロスのコラムのような、短文ばかりだからなのだ。これなら「％」を気にせず、数ページめくれば作品を読破することができる。

坂口安吾といえば『堕落論』だとか『無頼派』だとか、なんだか青春期の青年が読む青臭いイメージがあったが、彼のコラムのほとんどがたわいもない日常の話でとても親しみやすい。考え方も現代的で、文章も完全に現代語なので時間つぶしの読書に非常に適している。

今回読んだ坂口安吾のコラムの中で『酒の飲み方』というタイトルの小文の中に気になる記述があった。

コップ酒は皿の上にコップを置き、なみなみと注いだ酒がコップに溢れるのが正しい流儀であるという内容のコラムである。そこにこう書いてあった。「茨城県の利根川べり、取手界隈ではこの居酒屋のコップ酒を〝トンパチ〟と言う。（略）トンパチは〝当八〟の意だと土地の連中は云っている。つまり一升を一合ずつ売れば十パイになるのが当たり前だが、オマケをつけて盛りをよくするから一升を八パイで売ってしまう。一升が八パイ当たりで盛りが良いから当八だというのである」。

プロレスの隠語「トンパチ」の語源はここから来ているのだろうか？　検索すると、トンパチ＝「トンボの鉢巻」を語源とする相撲用語。トンボの頭は目ばかりだから、ハチマキをすると前が見えなくなることから転じて、非常識、型破り、無鉄砲の意。と、書いてあった。

さらに、日本の粋（すい）ことばに、「とんぼの鉢巻」という場合、「先の見えない人」のことで、トンボの眼は、天井を向いているから、鉢巻すれば、それより先の方は見えない、すなわち先の見えない人となる。という記述もあった。

トンパチは相撲界で生まれた言葉というよりも、もともと「とんぼの鉢巻」という言い回しがあり、それをトンパチと略して用いていて、それが相撲界でも広く使われていたということらしい。

しかし語源とされているものは「粋ことば」なのだ。つまり洒落だ。もともと「トンパチ」という言葉があり、その語源を面白おかしく「とんぼの鉢巻」とした、言葉遊びの可能性も大いに考えられるのではないだろうか？

私個人としては「とんぼの鉢巻」という語源は、ウィットが効きすぎていてどこかしっくりこない。酒をごまかしてたくさん飲んでしまういい加減なヤツ、非常識なヤツというほうが、現在プロレス界で使われている「トンパチ」の語源としては似合っているように思える。

そんなことを考えていたら、ふと橋本真也のことが気になった。検索してみたら、このコラムを書いている今日7月11日が、橋本真也の命日であった。私は非常に驚いた。少し怖くなった。またなんだか可笑しな気持ちになり、笑ってしまった。とりあえず命日に、希代のトンパチに手を合わせて祈ることができた。

「これまでの10年間は賞レースを目指さないと世に出られなかったから、それに向けていちおうは取り組んできていたっていうのはありながら、でもやっぱり腹は立っているんです。『あのときは振り向いてくれなかったくせに、いま振り向かれてもうれしくない』とか」

ヒコロヒー

収録日：2021年6月29日
撮影：タイコウクニヨシ
聞き手：大井洋一
構成：井上崇宏

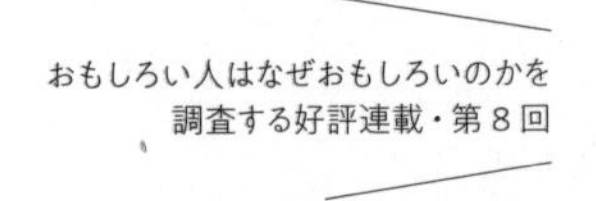

孤高のピン芸人はいま何を思い、
そしてどこに向かおうとしているのか？

借金とか酒飲みとか喫煙とか、粗野な部分がピックアップされてメディアに出ることが多いんですけど、その裏に知性と上品さが溢れてきている不思議な人で、取材しているのに、気がつけば誌面には絶対に掲載できないここ数年抱えていた超個人的な悩みを延々と相談していました。

ヒコロヒーさんに「未公開株がある」と言われれば買っていただろうし、「あなただけに高配当が」と言われれば全財産を預けていただろうし、俺、すっかり取り込まれちゃってます。（大井）

「学祭のお笑いコンテストでなんでもない変なことをしたら、変な松竹の人から名刺をいただいたんです」

——最初に、最近「冗談じゃない!!」と思ったことはなんですか？

ヒコ 仕事をしているとLINEとかをこまめに返せなかったり、電話に出られなかったりするんですけど、そうしたときに平気でキレてくる男性っていません？

——「おまえ、すぐ返せよ」っていう。

ヒコ 「LINEを返せないぐらい忙しいの？」みたいな。それはちょっと冗談じゃないなって思いますね。それで男性は勝手に「もういい！」って拗ねてどっかに行くんですけど、冗談じゃないなって（笑）。

——冗談じゃないですね。でもヒコロヒーさんって、なんか相談したくなるタイプの人ですよね。

ヒコ 私がですか？

——はい。「地元のツレ」っていう表現がありますけど、地元のお姉さんな感じですよね。

ヒコ 「国民的地元のお姉さん」？

——国民的かな、路地裏のっていう感じもしますけどね。曲がったところにいそうな（笑）。

ヒコ あっ、いいですねー（笑）。「路地裏のお姉さん」。

——ヒコロヒーさんはもともと近畿大学の落研にいて、ネタを評価されて松竹芸能にスカウトされたわけですけど、落研にいた頃からやりたいことは芸人だったんですか？

ヒコ いや、全然。その落研はいわゆる学生お笑いサークルみたいな感じじゃなく、学校からお金をもらうために年2回くらい発表会をやるだけでほとんど稼動していなかったんですよ。

——やる気のない感じだ。

ヒコ だからもうみんな麻雀をしていたり、部室でエロいビデオを観ていたりとかして、お笑いをめっちゃやりたいみたいな人は誰もいなかったんです。

——芸人になりたかったわけじゃないのに、大学にいくつもあるサークルの中で落研を選んだのはなぜですか？

ヒコ　入学してキャンパスを歩いていたら男前の人に勧誘されて、その人について行ったら落研やったっていう（笑）。

――男前について行った先に落研があった（笑）。

ヒコ　ただ、お笑いは人並みに好きでラジオとかも聴いていましたけど、だからといって芸人になりたいと思ったことはまったくなかったですね。

――でも、それでステージに立つんですもんね。

ヒコ　立ちましたね。それも「じゃあ、落語を一席覚えてください」って言われたからで。

――それは誰からの提案なんですか？

ヒコ　先輩から「これをやってもらわないと学校からお金が落ちないから」って言われて。合宿と銘打った旅行を年2回くらいやっていたんですけど、お金が落ちなかったからそれにも行けないのでいちおう覚えてくださいって。それでいちおう覚えるんですけど、みんな真剣にやっていないんでバッと出て行って、「どうもよろしくお願いします。落語をやります」みたいなので始まって、「おい、与太郎！　与太郎！　与太郎！　おい、与太郎。死んでいる……」、それで終わりみたいな（笑）。

――それを観てスカウトされたわけじゃないですよね？（笑）。

ヒコ　そうですね（笑）。もっと別の団体が学祭で学生お笑いコンテストをやっていて、それに落研からも出るってなっていた人が出られなくなって、「じゃあ、おまえ出てくれ」って言われたんで「あっ、全然いいですよー」って。ホントにそこにパッと出て、なんでもない変なことをしたら、変な松竹の人から名刺をいただいて。

――変なことが変な人に引っかかったんですね。それでそのまま松竹所属ですか？

ヒコ　そうです。養成所みたいなものがありまして、そこに行ったり行かなかったりしながら。

――じゃあ、出だしの活動は関西だったんですね。

ヒコ　最初は大阪松竹でやっていました。東京に来たのは5年くらい前ですかね。

――東京に来るきっかけはなんだったんですか？

ヒコ　ちゃんとお笑いをやりたいなと思い始めていた時期に、好きだったさらば（青春の光）さんとかが松竹を辞められたっていうのがあって、そこから1年くらいはやってみたんですけど「やっぱおもしろくないな」と思って。それで事務所に「ちょっと松竹を辞めてマセキに行きたいです。東京に行きます」って言ったら「じゃあ、いったん東京松竹に行ってみたら？　行ってみておもしろくなかったら辞めていいよ」って言質を取ったんで、「じゃあ、それを書面で書いてください」って言って（笑）。

――しっかりしてますね（笑）。

ヒコ　やっぱさらばさんを間近で見ていたので。で、それを持ってこっちに来てみたら「まあ、べつに大阪松竹ほどは悪くないな」っていうことでいまもいさせていただいてる、という感じですかね。

「ライバルはいないですって言うとアレですけど、ホント自分のやりたいことをやって家賃が払えればいい（笑）」

——マセキでやりたい理由はあったんですか？

ヒコ　なかったんじゃないですかね（笑）。そのときにマセキがよかったのか、なんかよくわからないですけど。

——それで、そこからずっとネタをやり続けているわけですけど、おしゃべりでいくのと、しっかりとひとりのネタを作るのは、どっちが好きですか？

ヒコ　まあ、どっちも好きなんですけど。

——たくさん表現をされていますよね。ラジオでしゃべる、いわゆるスタジオトークというゲストとしての機能の仕方もしている、文章を書いたり、Tシャツを作ったりもされていますけど、やっぱり表現の中でいちばんやりたいことはお笑いですか？

ヒコ　お笑いですね。おもしろい人たちとしゃべってる空間が凄く好きなので、べつにそれが売れてる人であろうが売れてない人であろうがいいんですね。たとえば事務所の先輩のみなみかわさんとしゃべってる空間も好きだから、「これがお金になるならずっとそれでもいいな」と思ったり。ネタはネタでもちろん好きですし、凄くやりがいがある仕事だなとは思っています。

——以前、みなみかわさんにもこのコーナーに出ていただいたんですけど、ヒコロヒーさんも含め松竹の芸人さんって一定の低いテンションを保っていますよね（笑）。

ヒコ　えっ、ホントですか？（笑）。

——みなみかわさん、「そんなに売れたくない。このまま生活できていればそれで大丈夫です」みたいなことを言っていましたよ。

ヒコ　ああ。やっぱり土壌がそうというか、いくら野心とか夢を持っていても叶えてる人がまわりにいないんで。よしもとさんとかなら「ゴールデンをやりたい！」とか「大金持ちになりたい！」「いいクルマに乗りたい！」みたいなのがあるじゃないですか。それはまわりの成功体験を間近で見ているから「ボクも！」って続くんでしょうけど、やっぱり松竹芸能ってそれがまわりにまったくいないと言っても過言ではないので。

——まったくいないですか？（笑）。

ヒコ　成功していらっしゃる方はいないと思いますね。

——事務所の雰囲気として、お上品とか、おおらかとか、そういうことではないと。

ヒコ　まったく、まったく。絶望。

――漂っているのは絶望（笑）。その中でいかに光を見出すかという。

ヒコ　分相応な光ですね（笑）。

――いまって「女芸人」と言われるひとつのジャンルで集められることが多いですよね。その現場ではチームや仲間という感覚なのか、それともライバルですか？　そこで「みんながこういう立ち位置だから私はこうしよう」というようなテレビ的戦略とかも考えたりするんですか？

ヒコ　いや、まったく考えてないですね。いま言われてハッとしてるくらいで。仲がいい連中とかはいますけど、かといって一緒に仕事をしていきたいとかはべつに思わないですし、ライバルもいないですって言うとアレですけど、ホント自分のやりたいことをやって家賃が払えればいいなって（笑）。

――でもネタは評価されたいですよね？

ヒコ　それはされたいですね。

――書いたものを「おもしろいですね！」って言われたい。

ヒコ　そうですね。でも、たまに「○○さんより売れてますね！」「○○さんよりネタがおもしろい！」って言ってくださる方がいるんですけど、あまりそれは私の喜びポイントではないよっていう（笑）。まあ、ありがたいんですけど。

――じゃあ、いま活動しているモチベーションはなんですか？

ヒコ　だからまあ、借金の返済ですかね（笑）。とにかく借金を返して、人並みの生活をとりあえず2年くらいはしたいなと。

――もう借金はしなくてもいい収入を得ていますよね？

ヒコ　さすがにもう毎月の借り入れはないですけど、いま芸歴11年目でこれまでの10年で貧乏していたときの借金がまだちょっと残っていたっていう状態だったんで。それを3週間くらい前に全額返済したんですよ。

――あっ、おめでとうございます。やっぱり気持ちが晴れました？

ヒコ　でも借金は全額返済したとはいえ、次は税金とか、社会保険とか借金ではない嫌なカネが凄いですよね。

――「えっ、こんなに取られるの!?」みたいな。

ヒコ　「ホントに国民はみんなこれを払ってるのか？」っていう。自分たちは絶望しかしていないのに（笑）。いま、まさに今日までに払わないとダメなやつがあるんですよ。

「いまってコンテンツがたくさんあるから、あまり無理をしなくてもよくなってきてるのが凄くありがたくて」

――生まれが愛媛ということで、ボクの印象だとそんなやさぐれる人になるような環境ではないのではって思うんですけど、どういう家庭環境だったんですか？

ヒコ　まあ、普通でしたね。

――普通じゃなかったと気づいていないっていうことも多々ありますけど（笑）。

ヒコ　でも、たとえば仲良くなる時期がありまして、無茶がおもしろいみたいなときがあったんですよ。「割る」とか「壊す」とか。それはイキがって誇示しようとかそういう気持ちではなく、ホントにそれがおもしろかったんですよ。

――破壊することが。

ヒコ　それとか「火をつける」とか、行ってはいけないところに行くとか、そういう無茶をするのがおもしろいみたいな。原理で言うと、早朝バズーカがいちばんおもしろいみたいな気持ちがその頃にあったんで（笑）。外国の方が馬にひきずり回されたりしているテレビの時代があったじゃないですか？　気持ち的にあのような感じの時期があったんですよ。

――その破壊がおもしろいと思っていた時期はいくつくらいですか？

ヒコ　中学で大きいそういう時期があって、高校でも小さなそういう時期がありましたね。それでまあ、不良と呼ばれることもあったんですけど、ホントにそんなテンションではなかったです。誰が見ても不良っていう一軍の不良がいたんですよ。

――自他共に認める不良ですね。

ヒコ　私らが遊んでいるゲーセンとかにその一軍の人たちが来たら、「逃げろ！」って言って逃げたりとか、そういう感じのポジションで。

――でも優等生でもなく。

ヒコ　まったく優等生ではなかったです。先生にカバンとかでどつかれまくってましたね。

――アート系の素養はどこで身につけたんですか？

ヒコ　それは家に画集が置いてあったりとかして。家の人間がそういうのが好きだったんでしょうね。

――そういうものに囲まれていたことで自然と。なんか才能が多岐に渡っていて育ちがよくわからない人だなって思っていたんですよね。いま売れてきてどうですか？

ヒコ　いやいや、もうホントにおかげさまですよ。

――いやいや、ボクはおかげさまじゃないんですけど（笑）。

ヒコ　『チャンスの時間』（ABEMA）ですよね？

――の構成をやらせていただいてます。

ヒコ　いまでもですけど、『ゴッドタン』（テレビ東京）と『チャンスの時間』のふたつがとても大きかったんで。

――いまはちょっと芸人ブームというか、芸人番組が多い

じゃないですか。

ヒコ　たしかに、はい。

――第7世代から始まって、ニューヨーク、かまいたちとかちょっと上の世代も引き上げられている状況なので、芸人さんが出る番組がとても多いんですけど、Aの現場に行ってもBの現場に行っても、メンツが一緒だなっていう現象がたぶんありますよね？

ヒコ　あー！　あります、あります。

――そういう状況をどう見てます？

ヒコ　でもなんか私が感じるのは「あまり無理をしなくてもよくなってきてるのかな」っていうのが凄くありがたくて。いまってコンテンツみたいなものがたくさんあるじゃないですか。私が出始めた10年前とか7、8年くらい前までは、ひな壇を制する者がなんとかだっていう時期もあったし、それこそ賞レースで結果を出さないと無理だっていうときもあったけど、いまはホントにコンテンツが多くなってきて、この芸人はこのコンテンツって感じでいい意味で多様化が進み出してるなって。

――表現の場所が増えてるというか。

ヒコ　だから私、ＥＸＩＴさんと会わないですもん。

――あー、同じ商品棚には並んでいないんですね（笑）。

ヒコ　逆に鬼越（トマホーク）さんや岡野（陽一）さんとか

はお仕事で凄く一緒になるんですけど（笑）。

「M－1は大会としてカッコいいと思いますし、漫才師の方たちが人生をかけるって凄くわかるんですけど、私にはTHE WとかR－1しかないんで」

――でも、ほかの芸人さんと一緒になることでの焦りはない。

ヒコ まあ、自分に対しては常にあったりするんですけど。「なんか足りてないなー」とか。

――それはお笑いの能力として？

ヒコ そうですね。足りてないって思うこと自体が厚かましいからあまりよくないんですけど。

――それはネタを書いていて、「もうひと越え思いついてないな」っていうときに感じるんですかね。それともほかの誰かのネタを見てとか。

ヒコ 人のネタに関してはあまり思わないんですけど、バラエティ番組とかで「あー、もっとおもろいことが言えたなー」とか、そういう感じですかね。

――「あそこ、もう1個返せたな」とか。

ヒコ 「あっちはツッコむよりもボケに回ったほうが広がったんかな……」とか、そういうのが常にあるし。じゃあ、それを消化するために準備をしようと思っても、やってもやっても足りてない感じが常にありますね。

――賞レースへの意欲はあるんですか？

ヒコ やっぱりありますね。

――M－1前にニューヨークを取材したときにも言ったんですけど、「もうそれなりに売れてるんだから、賞を獲らなくてもいいんじゃないかと思う」という話をしたら、彼らは「やっぱり獲りたい、認められたい」って言っていたんですよ。ヒコロヒーさんにしても、もうおもしろいっていうのはみんなが知っている話だから賞を獲らなくてもいいのかなって思うし、あとは「誰かに評価されたくない」っていう気持ちがあったりするんじゃないかとか。

ヒコ 2個あるんですけど、個人的なもので言うと、そこまでの興味というか執着めいたものはなかったりするんですよ。「絶対にM－1を獲りたい！」っていう漫才師もいて、それでネタをM－1用に合わせて、闘い方がいわゆる競技みたいになってきている方もいますよね。

ヒコ そうなんですよ。私はそれをすることにあまり興味がわかないし、寄せたというか獲りに行くために努力して、より向上させていくっていうこともあまり楽しいとは思わないっていうのが個人的な意見ではあるんですけど。じゃあ、芸人として、いち若手として、そこを見切ってしまうのはどうなんやろうなとか。

――その2個の思いですね。それは「自分、ちょっと逃げてないか？」ってことですか？
ヒコ　はい。あとはいまでこそほかのチャンスをいただいてお仕事もさせていただいていますけど、やっぱりこれまでの10年間は賞レースを目指さないと世に出られなかったですよね。なので、それに向けていちおうは取り組んできていたっていうのはありながら、でもやっぱり腹は立ってるんですよ。
――腹が立ってる？
ヒコ　「あのときは振り向いてくれなかったくせに、いま振り向かれてもうれしくない」とかそういう気持ちもありますけどね。
――とはいえ、「そういうところから逃げるのはどうなのかな？」という葛藤があるわけですね。
ヒコ　はい。やっぱり出て、ファイナリストになっておもしろい、おもしろくないの評価を受けたという経験がそれまでなかったので、その経験をもってしてみたから話せることも増えていくのかなって。
――狙うべきはどこなんですか？
ヒコ　わかんないんですよ。M－1とか大会としてはカッコいい、イキってるなと思いますし、漫才師の方たちがあれに人生をかけるって凄くわかるんですけど、私にはTHE WとかR－1しかないんで。
――コンビを組もうと思ったことはないんですか？
ヒコ　う～ん、コンビを組まないと決めていたわけじゃないんですけど、あまりなかったですね。
――表現の幅として、ひとりよりふたりのほうが広いわけですけど。
ヒコ　あります、あります。
――基本はずっとひとり芝居で、でもふたりのほうが作りやすいのかなとか。
ヒコ　それはめっちゃあります。あと私は本質的にコンビの人間やと思うんですよ（笑）。
――ここまでやっておいて（笑）。
ヒコ　たぶんコントよりも漫才のほうが適してるんじゃないかと思いますし、そこは乖離してるなと思いながら今日までやってますね（笑）。
――首をかしげながら（笑）。
ヒコ　だから「もうひとりいたほうがいいな」っていうネタがいまもまだできちゃいますし。コントは凄く好きやし、ピン芸人というものにも凄く愛着があるんですけどね。

「私の単独ライブのお客さんとか、インスタグラムやYouTubeの男女比ってずっと綺麗に半々なんですよ」

——コンビを組もうかなと思ったことは一度もないですか？

ヒコ　ないですね。

——みなみかわさんが一方的にすり寄ってきたくらいですか（笑）。

ヒコ　そうですね（笑）。人間的な話で言うと、たぶん人と何かをするっていうのは私には向いていないと思いますね。芸人的な性質はたぶんコンビとかそういうことなんでしょうけど、人間としては時間を決めて喫茶店で待ち合わせをしてネタ合わせとか、本番前に「ネタ合わせするで」とかって言われてしに行くとかがちょっと考えられない。自分のペースでやっていきたいっていうことなので、その折衷案として誕生したのが「全ヒコロヒーでお届けするコント」っていうことなのかなって思いますね。

——多少の健全、規制が求められるこの業界の中で、「それっておもしろいのかな？」っていうことをボクは感じたりすることもあるんですけど、ヒコロヒーさんはどうですか？

ヒコ　あー、感じますね。

——芸人ってもともとだらしないものじゃないかっていうところで、「そこが人間っぽくていいよね」っていうことをボクはわりと感じていて、まあ、いまは「狭いな」っていう感じはしますよね。

ヒコ　そうですね。まあでも、メインストリームは止められないと思うんですよ。「正しくて好かれていて」っていう。人から好かれることを言いたいみたいな人たちが真ん中に来て、テレビの人気者になるっていうのからは逃れられないと思いますけど、『ゴッドタン』とかABEMAとかでは世間の人様たちにあまりバレずに好きなことをやらせていただいていて。それで同じ感覚を持つ世間の一部の人たちからおもしろいと思っていただけているので、それは幸運なことでもあるのかなとは思います。まあ、「そっちはそっちでやっておいたら？」っていう気持ちはありますね。

——いわゆる芸人界の中にいて、やっぱり「男社会だな」って思いますよね？

ヒコ　まあ、思いますね。でも、それを「男社会だな」って思うことはべつにおもしろくないというか、内訳がもう自分の中でいろいろあって「やりづらいな」っていう感じはあまりないですかね。「いい悪いではなく、男社会だな」っていう感じですかね（笑）。

——以前、ヒコロヒーさんは「女芸人の場合は、男のファンが自分のほうがおもしろいと思ってちょっと下に見てくる」っていう話をされていましたけど、プロレスとか格闘技の世界でも男のファンがちょっと女子選手を下に見るっていうのがあるんですよ。「最終的に俺は男だから強い」っていうマウントの取り方だったりするんですけど、そんな状況はいまも変わらないですか？　それとか女性のファンが増えてきたりしています？

ヒコ　まあ、そうですね。私の単独ライブのお客さんとか、インスタグラムやＹｏｕＴｕｂｅの男女比ってずっと綺麗に半々なんですよ。だから女性にめっちゃ支持されてるとか、男性から人気があるっていう感じではまったくなくて。でも男性から偉そうにリプライとかはいただきますね（笑）。

――偉そうに（笑）。

ヒコ　まだ一部の男性たちは、若い女が生意気なことを言ってるのが腹立つというか気に入らないんだろうなっていうことを感じることはありますけど。まあでも、いまはライブとかでオジサンが私を見たらサーッて散っていきますね（笑）。

――男社会の中にいてあまり違和感とかがないっていうのは、おそらく男のいろんな事情を理解できるタイプで、そういう女性って男にモテるわけですけど、やっぱりプライベートではモテてますか？

ヒコ　はい、モテます。

――ですよね。

ヒコ　いやいや、ウソです。モテないです（笑）。普通だと思います。

――モテてない人は「普通」って言わないんですよ。

ヒコ　じゃあ、モテますね。いや、なんて言ったらいいですか？（笑）。

――どういった男性がタイプですか？

ヒコ　めっちゃメシ食う人ですね。

――それを言う人、多いですね。それって、ちょっとそこにセクシーを感じるみたいな？

ヒコ　いや、なんでなんですかね。アホっぽくていいんじゃないですかね。

――あー、無邪気というか。ネタに対して繊細でクリエイティブなタイプの男もいるじゃないですか。

ヒコ　あっ、それで言うと仕事のことは言わない人のほうがいいですかね。ちょっと寄せられるというか、「なんかツッコミの言い回しとかちょっと工夫しだしてる？」みたいなことを言われると「いや、ちゃうねん、ちゃうねん」ってなるんで（笑）。だから「お笑いとかわかりません」っていうほうがいいです。変に賞レースとかを観ていて「あの漫才がどうで」って言われだすと嫌だなって。

――あまり欲がなさそうなことをおっしゃっていますけど、これから先どうしていきたいっていうのはありますか？

ヒコ　どうしていけばいいんですかね？　でも月１００万円は切らずに。

――松竹で月１００万円を稼ぐためにはどういうペースで仕事をしていったらそうなりますか？　地上波のレギュラーが

何本あって、オンラインサロン的なことやYouTubeもやってみたいな、そういうバランスで言うと。

ヒコ　でも土浦のイオンモールのお笑いショーとかに出ちゃえば。

——あっ、週末はそういうのでしっかりと地方を回って行って。

ヒコ　ありがたいことにいま凄く忙しくさせていただいていて、「集中し切れていないんじゃないか?」っていう瞬間が出てきたりしていて、それが凄く「なんか申し訳ないな」っていう。先輩たちは「最初はそういうふうに思うけど、そのうち慣れてくる」って言ってくださるのでそういうものなんだなとは思うんですけど、雪崩のように仕事をやってでも売れていきたいとかっていうよりかは、ひとつひとつを「いい仕事したな!」って言って帰りたいという。そういう感じでできて、かつ月100万円を切らなければ。

「お笑いは好きなんですけど、芸能界のあの感じがちょっと難しいですね。ずっと馴染めないです（笑）」

——それをずっと続けていきたい。

ヒコ　いや、5年続けられれば。

——5年経ってもまだ36ですよね（笑）。

ヒコ　5年続けられたら、そこから先は海外とかに行って好きなことをやれたらなって。

——好きなことはお笑いだけじゃないと？

ヒコ　お笑いも好きですけど、あと5年やったら16年やったことにはなるので。

——その先に何かやりたいことがあるんですか？

ヒコ　いや、特にないんですけど（笑）。でも3カ月後も半年後も1年後もまったくわからないです。どんな感じになってるのか。

——ネタをやる方なので芸人としてはずっと評価が下がることはないですよね。みんなネタをやらなくなっちゃうと忘れられていっちゃうので。

ヒコ　そうですよね。

——そこは問題のない人だとは思うんですけど。

ヒコ　お笑いは好きなんですけど、芸能界っていうんですかね、あの感じがちょっと……。

——ああ、芸能界。そこにハマりたいっていうタイプではないですよね？

ヒコ　ちょっと難しいですね。ずっと馴染めないです（笑）。

——それこそ昔だったら芸能界しかなくて、芸人で売れるとなったらひな壇での立ち回りとか、誰々への立ち振る舞いとかを求められるんですけど、それはやっぱり難しい。

ヒコ　難しいですねえ。

——そこへの欲もそんなにないというか。

ヒコ　あと、前室とかが難しいですね（笑）。ライブだと楽屋に芸人だけがいて、しゃべってるヤツとしゃべってないヤツがいて、べつに気にされることもなかったりするんですけど、ザ・芸能界みたいな番組の前室って「あっ、もう始まってる!?」みたいな（笑）。「こないだ教えてくれたご飯屋さんが……」とかっていうコミュニケーション能力みたいなのも私にはないでしょうし。でも、それを努力で気づかいとしてやっていらっしゃる方もいるとは思うんですよね。

——座持ちのトークがうまい人っていますよね。「こないだ見ましたよ！」みたいな。

ヒコ　そう。「あれ、凄いですよね！」みたいな。やっぱ芸能界ってあれですよね。

——あれの良し悪しというか（笑）。

ヒコ　前は私も取り組んだ時期があるんですよ。エレベーター前とかでちょっとそういう話をしてくださる方とかがいると、「凄く気配りができて素敵だな」と思って自分でもやりだしたときがあって。ちゃんとエレベータートークの本とかも買って、努力して取り組んだんですよ（笑）。

——エレベータートークというジャンルがあるんですね（笑）。

ヒコ　それで本番前に「なんかちょっと寒いですよね？」み

たいな。それで「あっ、そうやなー」とかって言われて。

――特に広がらず（笑）。

ヒコ　ちょっとおもんないヤツって思われたまま本番が始まるみたいなことになってしまって（笑）。やっぱり向いてないというか、それはどうしようもないので諦めました。でも、すぐには馴染めないと思うけど少しずつ。

――馴染めそうな感じはするんですか？

ヒコ　いまは芸能界、芸能人っていう解像度でしか見れてないんですけど、お仕事を何回かさせていただけたら、芸能人とか先輩っていうほうから人間っていうほうに解像度がどんどん上がってきたときにおしゃべりもできるようになってくるかなって。そういう推理はしてますね（笑）。でも難しいですよね。

――難しいですよね。誰と話せばいいのかなとか。

ヒコ　そうですね。かといって「誰と話せばいいのかわからないです～」っていうポジション取りをするのも好きじゃないので、ホントそこにいるだけなんですよ。だからその場にいらっしゃる先輩方からすると私のことが気味が悪いと思いますよ（笑）。「どうしていいのかわからないんです」って言うほうがいいんやろうしっていうのもわかるんですけど、それを言うことで気をつかっていただいてしまうって思うと、気味が悪いヤツのままで呼ばれないほうがそのぶん本番でがんばれるとか……ややこしいですね（笑）。

――その姿勢で怒られたことはないですか？

ヒコ　めちゃめちゃありますね。先輩とかに「ひとりでおんなよ」とかって言われて、それを言われたら言われたで「もううっさいねん。なんですか？」みたいなことを言って、よく悶着をしています（笑）。

大井洋一（おおい・よういち）
1977年8月4日生まれ、
東京都世田谷区出身。放送作家。
『はねるのトびら』『SMAP × SMAP』『リンカーン』『クイズ☆タレント名鑑』『やりすぎコージー』『笑っていいとも!』『水曜日のダウンタウン』などの構成に参加。作家を志望する前にプロキックボクサーとして活動していた経験を活かし、2012年5月13日、前田日明が主宰するアマチュア格闘技大会『THE OUTSIDER 第21戦』でMMAデビュー。2018年9月2日、『THE OUTSIDER第52戦』ではTHE OUTSIDER55-60kg級王者となる。

ヒコロヒー(HICCOROHEE)
1989年10月15日生まれ、愛媛県出身。
芸人。松竹芸能所属。
近畿大学文芸学部芸術学科に在籍中に文化会落語講談研究会に所属。大学2年時の大学祭でのお笑いイベントで落語ベースのひとりコントを披露し、それを見ていた松竹芸能の社員にスカウトされて特待生として授業料免除で松竹芸能大阪養成所入りを果たす。同所卒業後に松竹芸能（大阪）所属となり、「ヒコロヒー」として活動を開始する。大阪で3年間活動したのち、上京して2014年4月から松竹芸能東京に所属。数多くのネタを持ち、衣装、音響や小道具などの仕掛けに頼らないひとりコントが身上で、単独ライブは毎回即完する人気を博す。日本テレビ『女芸人No.1決定戦THE W』2017～2020年4年連続準決勝進出、2021年『R-1グランプリ』準決勝進出。

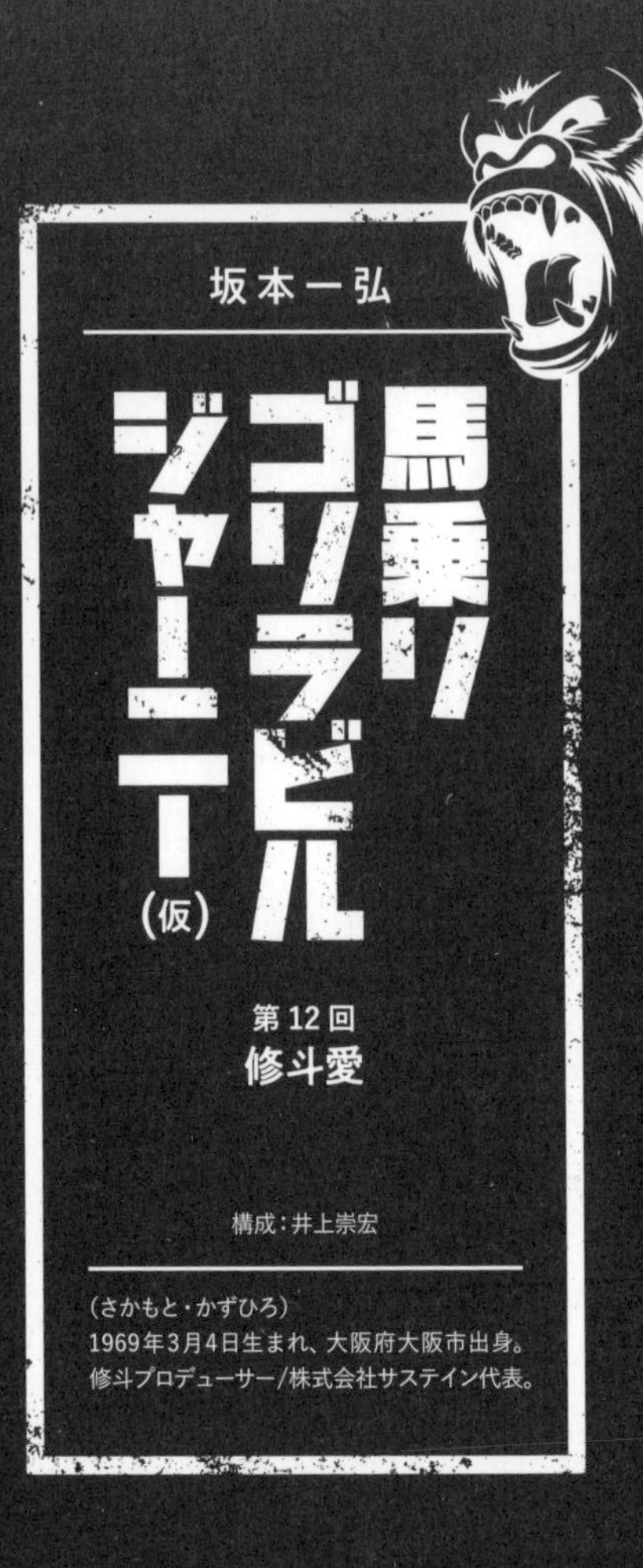

——この連載も、先月の佐藤ルミナ登場でパッと明るくなりましたね（笑）。

坂本　96年に引き分けたジョン・ルイスに翌年にはリベンジできて、そこからですよね。「修斗四天王」っていうワードも出てきたりして、佐山先生が創始した修斗に、佐山先生以外の象徴的なアイコンが登場という、修斗にとっての新たな分岐点になりますよね。

——たしかに。修斗は創始者である佐山サトル、そして「修斗とはなんぞや」と競技自体が常にクローズアップされていた歴史でしたよね。

坂本　選手がクローズアップされたというところで、ターニングポイントになっています。なぜかわからないけど、エンセン井上、佐藤ルミナ、桜井〝マッハ〟速人、朝日昇という4者4様の強いキャラクターがパッと揃ってしまった。そこが大きかったですよね。

——「修斗・坂本王者黄金時代」っていうのはなかったですからね……（笑）。

坂本　そんなの全然ないよ（笑）。だから我々の世代は「修斗とは何か」を体現する、先生が思う理想のものに1ミリでも近づけていくっていうのがやるべきことだったと思うんですよ。もちろん、中には個として目立ちたいと思った人もいただろうし、ファイトマネーをいっぱいほしいと思った人もいるかもしれないけど、やはり修斗というものをいかに表現するかという時代だったと思うんですよね。ただそこに突然、裏原ブームとかと修斗が結びついたり、「修斗四天王」というキーワードができたことで時代が大きく変わった。ルミナがジョン・ルイスにリベンジ、エンセン井上とフランク・シャムロックの激闘、そこにマッハが出てきてっていう。なんだろう、興行的なピースが揃っていったなっていう感じがしますよね。音楽もそうだし、ファッションもそうだし、修斗でTシャツブームも作れちゃったり。その中でマッハだけじゃなくて宇野（薫）くんも出てきた。ルミナはデカビタCのCMに深田恭子と出演して、宇野くんなんて生茶のCMで高倉健さんと共演しているんですよ。FILAからルミナモデルのシューズが出たりとか、エンセンの大和魂Tシャツとかもそうですよね。それがカルチャーということになるのかわからないですけど、ムーブメントを作れるだけのピースが揃っていた、ということでしょうね。

――坂本さんは、そのムーブメントがなぜ起きたのかを説明することは難しいと言ってますけど。

坂本　ただ、何か違うことをやろうとか、何かやってやろうっていう人がいまでも残ってるかなっていう気はしますよね。ボクもどこかでそうなのかもしれないけど、「時代を変えなきゃいけない、変えなきゃ意味がない」っていう気持ちですよね。それが当時のルミナやエンセンにもあったと思うんですよ。

――それは坂本さんたち初代シューターの人たちのように強烈な修斗への入れ込みから解放されてる世代ということですか？

坂本　でも当時、ルミナも某団体から何千万という額を積まれても「行きません」って言ったし、エンセンも「修斗」とタトゥーを入れてPRIDEに出ていたし。ボクらの時代とは違っていても思いというのはたぶん一緒だと思うんです。ボクは「俺らのときのほうが思い入れが強い」とかそういうのが大嫌いで、人それぞれの「修斗」に対する思いがあるわけだし、その時代に対する思いというのがあるわけじゃないですか。それをどっちが気持ちが重いとか軽いとかって数字じゃないですか？　気持ちって数字で表せるものなのかなっていう。

――おっしゃるようにPRIDEが登場してきた時代に、ルミナ選手なんかは修斗から動きませんでしたよね。

坂本　修斗に対する思い入れがあるからずっといるんじゃないですか。そこだと思いますよ。誰だって自分のやっていることにプライドを持っているじゃないですか。宇野くんはいまだに修斗にこだわりを持って闘ってくれているんだもん。

――宇野さんの修斗愛はちょっと異常だとは思っているんですけどね（笑）。

坂本　でもそれはみんなありますよ。修斗を辞めた人もいれば離れた人もいるけど、「修斗のことが好きじゃなかったか」と言ったらみんな好きだったと思いますよ。誰でも、どんな人でも好きだったと思います。ただ、そこでうまくいくこともあれば、なかなか自分の理想が叶わないこともある。恋愛と一緒じゃないですか。スタイルを変えなきゃいけないこともある、場所を変えなきゃいけないときもある。でも「この人が好きだ」という気持ちまで否定できるのかと。「じつは俺、あんまりアイツのこと好きじゃなかった」って言うのはダサいじゃないですか。昔好きだった人がいて、たとえばフラれたからってその人の悪口を言ったり、好きじゃなかったとか言うヤツはクズでしょ（笑）。

――おー。なんか、たとえてきますね（笑）。

坂本　ボクはいつもたとえることで、井上さんが原稿をまとめやすいように胸元にきちんとボールを投げてるつもりなんだけど、たまにとんでもないほうにも投げちゃうから（笑）。でも、いちおうスパッと投げるようには努力してるんですよ。まあ、そんなことは置いておいて（笑）。だから「俺は修斗出身です」でもいいし、「修斗を辞めていまが幸せです」でもいいんですけど、みんな修斗が好きだとボクは勝手に思っています。修斗でチャンピオンになりたい、修斗でのし上がりたいと。でも、それは叶うこともあれば、叶わないこともあるんですよ。そして合う、合わないっていうのも絶対にあるんですよね。

――ちょっと下世話な話をしますが、やっぱり当時プロモーションとしては潤いました？

坂本　いやでも、思われているほどじゃないです。やっぱり演出とかにもお金を使いすぎましたね。あんなリフターで選手が上がって入場してちゃダメだなって（笑）。

――あれ、むっちゃカッコよかったですよ！

坂本　一本花道は新日本プロレスさんからで、リフターで上がって出てくる演出というのはSMAPなんですよ。

――おー。

坂本　たまたまSMAPのコンサートを観ていてというか、そういうライブ映像とかPVや、昔の映画を観たりとかして勉強していたんですよ。そんな中でSMAPの映像を観たときに、5人の覆面を被った人がバーッと登場してきて、ファンがみんな「SMAPだ！」と思っているわけですけど、そこに本物のSMAPのメンバーがリフターからストンと上がってきてバンと並んでね、会場がワーッとなるシーンがあったんですよ。

――そこで「修斗でもこれをやりたい！」と。

坂本　「これ、バリジャパでもできないかな」と思って。そこで一本花道とリフターを足したんですよ。そうしたらルミナやエンセンは試合に向かうときの気合いの入り方が凄いから、上がってきた瞬間に会場がワーッというね。

――エンセンが片ヒザをついて上がってくるんですよね。ホント、映画かと思いましたよ。

坂本　とにかくいろんなものを観ていたから、そういうアイデアも出てきましたよね。だから湯水の如くではないですけど、そういうヒントっていうのは偶然にあるでしょ。それに気づくか気づかないかは自分次第だし、「これ、できるんじゃないの？」って思うか、ふと観て「あっ、カッコいい！」と思っちゃうかどうかだと思うんですよね。それを見逃さずに「あれ、なんとかなるんじゃないか？」ってあの頃は日々思えたってことじゃないですか。……って、いまが落ちぶれてるみたいじゃないですか（笑）。

――誰もそんなことは言ってないし、そんな顔もしてませんよ（笑）。

坂本　いやでも、そうなんだよね。落ちぶれてるっていうよりかは鈍ってる。いまの若いコの曲とかを聴いて単純に「うわ、凄いな」って驚くんですよ。ふと聴いたときにそう思ったりするから、普段アンテナを張ってねえんだなって思うんですよね。

――たしかにボク自身も思い当たる節があります。間違いなくいまよりも若いときのほうがアンテナを張りまくっていたというか、感じまくっていたっていうのがありますよね。

坂本　そのアンテナってこっちが張ってるのか、電波が向こうから来ているのかよくわからないんですよ。だから同じことはもう1回できないなって思っちゃうんですね。

――いや、そういうときってアンテナを張っている感覚もないですよね。さっき、ちょうど坂本さんを待っている間に友達のデザイナーと別の仕事のやりとりをしていて、そのデザイナーから「今回あらためて格闘技関連のグラフィックをいろいろ見てみたら、アプローチがどれも似ているし、90年代の修斗ブームからまったく変わっていないんだね」って言われてドキッとしたんですよ（笑）。

坂本　これはホントに申し訳ないんだけど、PRIDE武士道とか観ていて「これは修斗の……」ってちょっと思っていましたね。正直。

――いやいや、ボクもそう思っていましたよ。踏襲したといい意味で捉えてましたけど。

坂本　タレントが揃っていましたからね。マッハや五味がいたし、凄く洗練はされていたと思いますよね。ボクら修斗はテレビコンテンツとしてやっていたわけじゃなくてライブコンサートみたいな感覚だったじゃないですか。でもテレビコンテンツとして大会をやるとああなるんだって。そこに佐藤大輔さんという人の凄い映像が加わって、また洗練され度が増してくるじゃないですか。ってことは先月は「もうできない」って言っていたけれど、できるってことですね。

――いま、ふと思いました。今日も坂本さんの話もそうだし、デザイナーの友達から言われた言葉なんかを聞いて、やっぱりボクももっと外の人間と会わなきゃダメだ、外の世界を見てなきゃダメだなと。

坂本　でも井上さんが凄いなと思うのは、芸人のニューヨークを表紙にしたりとかっていう感覚があるから、長州さんとかのああいうインタビュー記事が書けるんだと思うんですよ。それにそうは言っても井上さんはいろんな方と会っているじゃないですか。西村知美さんがほぼレギュラーになっているとか（笑）、やっぱり感覚が業界内部とは違うと思うんですよ。だからいろんなことに気づくんだし。

――もともと外側にいるのかな……（笑）。

坂本　ダナ・ホワイトにラスベガスで会ったときに「修斗の映像を観て、すげえいいなと思って一度真似をしたんだ」って。「あれ、大阪のイベントだったかな。ちょっと待って」って言ってスマホで検索をしだして。あのときはうれしかったな。世界的にUFCをやっている人が昔の修斗の映像や煽り映像とか観て「クールだ」と思ってくれていたんだなって。

TARZAN by TARZAN
ターザン バイ ターザン

はたして定義王・ターザン山本！は、ターザン山本！を定義することができるのか？「プロレスという底が丸見えの底なし沼の魅力を知ってしまったので、小説を書くことよりも絶対に楽しいと思ってしまった。フィクションは無と紙一重ではあるんだけども、そのダイナミズムにリアリティがあるし、フィクションとは男の最終兵器なんですよ！」

絵　五木田智央　聞き手　井上崇宏

第二十五章

フィクションを生きる

「俺はターザン山本というフィクションを完璧に生きていますよ！　気を抜いちゃいけないんですよ！」

――これはボクの長年のテーマなんですけど、プロレスファンはなぜプロレスに惹かれるのか？　プロレスに魅了されてしまう人っていうのは実社会では変に真面目というか、ガチじゃないと生きられないような人種ではないかと思っていて。

山本　うん、それはあるよ。

――だからこそプロレスにあこがれるという。どっちかと言うとプロレスラーですかね。逆に「プロレスは八百長」と一言で片づけるヤツの人生って八百長っぽいなと思ったり（笑）。

山本　そういう連中はわかりやすく言うと、もの凄く単純思考で二元論なんですよ。本当はプロレスのようなものに対するあこがれはあるんだけど、そこにズボッと入れる人間と入れない人間がいて、そこで入れない人間はプロレスを否定する材料として真剣勝負という言葉を持ち出すけど、彼ら自身は真剣勝負をやったことがない人たちで後づけなんですよ。プロレスってわけがわからないものでしょ。村松友視さんがいみじくも言ったあの言葉。

――「プロレスとは他に比類なきジャンルである」と。

山本　他のジャンルは1＋1＝2であるという論理、簡単な理屈でなっているわけですよ。それとは違う「1＋1が2ではないかもしれない」というのがプロレスじゃないですか。プロレスはそういうグレーゾーンに身を置いているので、そこに根拠はないわけですよ。1＋1＝2だったら根拠があるけどね。でも、そのグレーゾーンがもの凄くおもしろくて、あるときにはガチでいく、あるときにはフィクションにいくと。フィクションと八百長は違うからね？　我々はそこで生じる揺れやブレを楽しんでいるわけですよ。だからプロレスファンも頭の中では「プロレスはもしかしたら八百長かもしれない……」っていう疑いの目で観る。そういう疑いの目で観ながら本当のこと、要するにガチンコを求めると。だからプロレスの試合の中でガチンコのシーンを見つけると「あそこは凄かった！」「あれは本気だった！」という形で納得するというさ、非常に変な思考回路だよね。

――変ですね。たとえばアントニオ猪木だったり前田日明という人たちは、人生そのものがフィクションになっているわけじゃないですか。それはその人がもともと持っていた資質なのか、それともプロレスラーになったことによって背負ったのか、どっちですか？　要するに先天性のものなのか、後天性のものなのか。

山本　それは完全にプロレスの世界に入ってから身につけた生き方ですよ！　プロレスの中に入らないと、猪木さんは

「アントニオ猪木」になっていないし、前田さんも「前田日明」にはなっていないんよ。プロレスの世界に身を置かないことには、事実とか真理というさまざまなことがわからないわけですよ。

—逆説的ですね。

山本　だから、そういう世界に入った人間と入らなかった人間によってまた区別されるんですよ。入らない人間は最初からプロレスというものを全否定している。それは立花隆さんと一緒ですよ。

—プロレスラーにも一流から四流までいると思いますけど、やっぱり全員がおかしな人ですよね。

山本　それはプロレスというわけがわからないものに対して、精神と心理状態が侵されているんですよ。侵されてるから変になるんですよ！　ドボンとハマっちゃってその意味を掴みきれないんですよ！　だけど入ってしまった以上は自分を肯定せざるを得ないから、ずっとその場所にい続けるんですよ。でも肯定する根拠は本人にもわからないわけですよ（笑）。確証できないというその不安定な状況がまたリアルなんですよぉ。

—ちなみに山本さん自身も「ターザン山本」というフィクションを生きている男ですか？

山本　俺は「山本隆」（本名）という実在の人物じゃなくて、「ターザン山本」というフィクションを完璧に生きていますよ！　まあ、生きているというか演じてるというか。いつどこに行っても、どんな場所でもターザン山本を演じることが俺のプライオリティになっているわけですよ。それは喜びであり、生きがいでもあるわけですよ。そう演じることが他者に対する礼儀だと俺は思っているわけですよ。

—みんなは「ターザン山本」に用があると（笑）。

山本　そうそう。俺はターザン山本というフィクションを演じるために完全犯罪しなきゃいけないから気を抜いちゃいけないんですよ！　いつなんどき、エンタメをして相手を満足させきゃいけないという使命感があるわけ。

—それで疲弊することはないんですか？

山本　まったくない！　ありえないですよ！　疲弊した時点で俺はそのライセンスを剥奪されるんですよ！

—ライセンス？（笑）。

山本　その役割がないということでライセンスを返さなきゃいけないわけ。でも、なんでそこで自分のフィクションを演じるかと言ったら、それは非常に簡単なことですよ。アントニオ猪木にも前田日明にも俺にも共通しているんですよ。プロレスというわけのわからないジャンルの中で、ただ一点だけ根拠があるんですよ。それは「トップになりたい」というそれだけが唯一の存在証明なんですよ。トップでさえあればすべては肯定されると。猪木さんも前田さんも、ジャンルの中で自分がトップ、リーダー、独裁者になるということしか求めていなかったんよ。俺もそうなんですよ。

「長州は鳴り物入りで新日本に入団したのに、足は短いし、ビジュアルがイケてないじゃない」

――どういうことですか？

山本　その他大勢による理屈はチョボチョボの小競り合いになるからですよ！　そこからガーッと突き抜けたら、たとえば前田日明はずっと上から目線でガバーッと生きていけるからね。それはトップを取って独裁者になっていないと持てない利益ですよ。それが前田日明ですよ。だから前田さんも結局は猪木さん的な独裁者になろうとしたからこそ、アントニオ猪木を否定しにかかったわけですよ。否定することによってしか代わりになれないから。でもそれを前田日明以外は誰もやらなかったんよ。長州なんかも猪木さんを否定していたけど、それは長い年月を経て徐々に否定することを身につけたんだけど、前田日明は最初から猪木さんを否定することしか言っていないんですよ。そこが前田と長州のハッキリとした違いですよ！

――でも長州力もフィクションを生きる男ですよね。

山本　長州は自分というか「吉田光雄」がいちばん大好きなんですよ。吉田光雄というナイーブな自分が好きなんだけど、それではあまりにもプロレスの社会では生きていけなかった。そこで「長州力」という自分がいちばん嫌いなリングネームを名乗らされたわけだけど、あの時点では本人は長州力になることをめちゃくちゃ嫌がっていたわけですよ。つまりフィクションになることに拒絶反応があったんよ。

――自分はオリンピアだというプライドもあったでしょうね。

山本　でも、知らず知らずのうちにまわりが「長州力」を持ち上げてきたから、その神輿に乗っかって最終的に長州力を認めることができたという、そういう過程があるんですよ。ホントは吉田光雄でずっと闘いたかったんよ。だから前田日明のように最初からフィクションの魅力に気づいてなる人間と、モヤモヤしたのちになる人間、いろんなパターンがあるんですよ。でもアマチュア競技っていうのは勝負の世界、勝負事だからフィクションはいらないわけですよ。

――余計なものでしかないですよね。

山本　ファクトしか必要のない世界にフィクションが関わってしまっても、フィクションは偽物であり、作り事であるという概念にしかならないんだから馴染まないわけですよ。

――「吉田光雄」に固執したぶんだけ、プロレスラーとして出足が遅れたという。

山本　出足が大きく遅れたんよ！　だから遅れたぶんだけ長くて暗いトンネルに入ったわけよ。長州は鳴り物入りで新日本に入団したのに、足は短いし、ビジュアルがイケてないじゃない。

――なんかただの悪口になってきたな……。

山本　新日本にはイケメン幻想があるわけですよ！　イケメ

ンがずっとのし上がってきた歴史があって、藤原組長もイケメンじゃなかったから長い苦労のルサンチマンの時代があったわけですよ。だけど長州は藤波に対する「俺はおまえの噛ませ犬じゃない！」って言ったあの一発で長州力になれたんよ！　このフィクションというのは非常に哲学的ですよ。

——そうですよね。とても難解です。

山本　これは男と女の違いにも言えるんですよ。ここが重要なんですよ。女性は時間軸の中で生きているからフィクションが必要ないんですよ。でも男は女性のように自尊的な人生を生きられない、要するに中身が空っぽだから、時間軸とは違う何か特別なことをやらなきゃいきていけないんですよ。

——空っぽを埋めなきゃいけないと。

山本　それで芸能に行くのか、スポーツに行くのか、文芸に行くのか、いずれにしてもフィクションというなんらかの作品を作らなきゃいけないんだよ。それが男女の決定的な違いなんですよ。そこで当然、その作品を作れない男もいるので、そういう男は時間軸の外で何もできない状態で一生が終わるんですよ。一生、フィクションも何もなしによ！

——苦しいじゃないですか。

山本　（急に小声になり）いや、思考停止してるんだからラクですよ。

——悪口（笑）。

山本　いやいや、思考停止は唯一の救いになるんですよ。何も考えないからラクですよ。

——そうなんですか。ラクなぶん楽しくはないでしょうけど。

山本　非日常を生きられないんですよ。

——あっ、だからガチでしか生きられない人っていうのは、思考停止している人とも言えるのかな。じゃあ、世の中で思考停止している人たちがフィクションを生きたいと思ったらどうすればいいんですか？　フィクションの世界に身を投じるしかない？

山本　でもね、フィクションを生きるためには特別な才能、武器、能力が必要なんですよ。あるいは信じる力だったり、妄想だったり。

——思い込みですね。

山本　それらがなければフィクションの世界に行こうとしても行けないわけですよ。ただし、いまからでもひとつだけ方法があるんですよ。社会のシステムから外れて放浪者になることですよ！　そうなったときに初めてフィクションの世界に参加できるんですよ。社会のシステムから外れることを選んだときにその第一歩が始まるわけですよ。

「迷っていたら自分のアイデンティティが崩れる！やっていることに1ミリも悩みがあっちゃいけないんですよ」

——いや、実際問題、途中からのエントリーはしんどいでしょう。

山本　いやいや、社会からの逃走が大事なんですよ。そこから逃げるヤツこそがエリートなんですよ。俺なんかお金がまったくないし、日常生活からズレているんだけど、なんのコンプレックスもなければ鬱にもならない。堂々とのんべんだらりと生きているわけですよ。これこそが人生最大の勝利者ですよぉ！　社会的なことを何もすることがないんだから。

——失うものが何もないわけですね。

山本　何もないんですよ。それでいて適当に、ぐうたらに生きているわけじゃないですか。あるいは無責任に。こんな人生はないですよぉぉ！

——山本さん、正直に言ってほしい。そんな山本さんでもいまの人生に何か一抹の不安とか、そういったものはないんですか？

山本　ない！　あのね、フィクションを演じるということは、物事を断言して生きなきゃいけないんですよ。

——いまの山本さんのように「ない！」と言い切ると。

山本　明言して言い切る！　絶対に迷わない！　迷っていたら自分のアイデンティティが崩れる！　だから完全にまっしぐらに突入していく精神がないと保たれないわけですよ。だからやっていることに1ミリも悩みがあっちゃいけないんですよ。たとえ、それがあったとしても自分の中で全否定するんですよ。そして思いっきり自分を賭けて邁進する。そうやって自分を信じて徹底的に生きてきたんだけど、ふと時間が経つと、やっぱりどこかに罪悪感とか、しょっぱいなという意識もあって……（笑）。

——罪悪感！（笑）。そうそう、そういう本音が聞きたいですよ。

山本　たとえば離婚したふたりの奥さんに対して申し訳ないとか、メガネスーパーの田中八郎社長とガチで闘って、いちおう俺が勝ったということになっていて、いやいや、それはどうでもいいんだけど、そういうことに対する贖罪意識とか罪悪感がどっか心の中に、潜在意識の中にあるんですよ。それが先月も言ったけど、寝ているときに夢でバーッと出てくるんだよね……。

——起きている時間は罪悪感がないってことですね。

山本　まったくない。そこでひとつでも相手に対して悪いなとか、気の毒だなとか、同情とかそういうものを感じたらその時点で終わりですよ。俺はジ・エンドですよ！　やっぱりいちばんの贖罪意識は女性に対してだな……（遠い目をする）。

——会うたびに山本さんの口から出てくる「離婚」、山本さんの中ではけっこう大きな出来事だったんですね。

山本　もう俺がうなされる夢の90パーセントに元の奥さんと子どもが出てきますよ。

——それはひとり目？　ふたり目？

山本　両方とも。

——交互に出てくる（笑）。

山本　そこで俺はかならず責められているんですよ。彼女た

TARZAN by TARZAN

ちは俺を完全否定する形で、別れて当然みたいな感じのシーンが出てくるわけですよ。そこで俺がいくら「待ってください！」とか「行かないで！」って言っても、容赦なく完全拒否されるシーンが毎回出てくるんよ。それに対して俺は「なぜなの？　俺はそんなに悪いことをしていないよ」といつも弁解しながら、「逃げないで！」「行かないで！」と叫んでいるわけですよ……。

――めっちゃおもしろいじゃないですか。フィクションを生きる男の光と影ですね。

山本　自分の意識が消えた夢の中で、その影が忍び寄ってきて隙を突いてくるんですよ。

――光がまぶしいぶん、影はドス黒いですよね。

山本　もうやだよ～。

――もうやだよ～（笑）。

山本　だって現実では思ってもいないことだから。現実ではもう解決している問題なわけですよ。それが夢では「じつは解決していない！」という形でぶり返してくるわけですよ。

「家庭というものが最大のネックですよ！　俺の場合はフィクションを生きてるからｉＰａｄが必要なわけですよ！」

――じゃあ、フィクションを生きる男にとっての敵は、自分の無意識の部分なんですね。

山本　だからフィクションを生きる男は、女の人を好きになってもいいけど、家庭を持っちゃいけないんだよね。

――それは個人差あるだろ（笑）。

山本　家庭というものが最大のネックなんですよ！　家庭を持った途端にあらゆる矛盾が露出してしまうんですよ。フィクションと仮定は両立できないんですよ。だって家庭を持つということは、己のフィクションを否定しなきゃいけないんだから。だから俺は事実婚をした人に対しても言うわけですよ。「どんなにキミがボクのことを好きだとしても、ボクは絶対に最後までターザン山本として生きなきゃいけない。だからキミが愛している山本隆にはなれないんです。無理なんです。だからボクはキミと一緒にいるときもｉＰａｄは手放せないんだ」とね。

――ｉＰａｄ？

山本　「ｉＰａｄを使ってＳＮＳでターザン山本を発信しなきゃいけないんだ。でもキミからすると一緒にいるときくらいはｉＰａｄを見てほしくないよね。それもわかるんだけど、それは無理なんだよ。やっぱりボクは1日中、ターザン山本をやらなきゃいけないんだから」とね。

――とね。事実婚とかどうでもいいですけど、めっちゃおもしろい会話をしているじゃないですか（笑）。

山本　いやいや、ホントに嫌がるんですよぉ。「私と会ってるときはｉＰａｄは見ないで一緒の時間を過ごしてほしい」って言われるんよ。「いや、ボクはターザン山本を演じなきゃいけないから、いい風景に出会ったら、それを撮ってツイートしたいんだ。それがボクの役目だから。ボクの使命なんだ。ボクは求められているんだから」とね。

——とね。

山本　「せっかく私が会いに来たのに、なんで朝起きてすぐにｉＰａｄで日記を書いてるの？　そんなのしらけちゃう」って言うんですよぉ。でも俺の場合はフィクションを生きてるからｉＰａｄが必要なわけですよ！

——それ、単にＳＮＳ依存症でしょ（笑）。

山本　村松さんも「フィクションこそが人生の中で最高のものである」っていうことを定義した人なんだよね。だからあの人がなぜアントニオ猪木が好きなのか？　それは猪木というフィクションに惚れこんだわけですよ。つまりフィクションはいくらでも拡大解釈、あるいは無限に解釈することができるんですよ。

——フィクションだからですね。

山本　そう、フィクションだから。だから村松さんは常にアントニオ猪木という城を築くことができるんですよ。それは快楽なんですよ。井上（義啓）編集長もそうですよ。虚構だからね。砂の城みたいなもんだよ。そして俺も「ターザン山本」という名前をもらえたことでいまの姿になっているわけ。

——名は体を表すと。

山本　だからターザン山本の名付け親であるビクトル古賀先生がいかに偉大であるかというさ。古賀先生は専修大学で講師をやっていて、俺が初めて先生を訪ねて向ヶ丘遊園駅に行ったとき、先生は俺をパッと見た瞬間に「今日からターザン山本になれ！」と言ったからね。つまりフィクションとして生きろという。凄く感性の鋭い人ですよ。要するに「タイガーマスクになれ！」みたいなね。

——「おまえは虎になれ、虎になるんだ」と（笑）。

山本　まさにそれですよ！　あの「虎になれ」というのは「フィクションになれ」っていうことなんですよ。「そこにしか救いの道はないよ」というさ。

「他者が発見してくれて俺はラッキーだったのか、いやいや、どれだけ俺に潜在的な能力があったんだよと（笑）」

——そうしてターザン山本として生きていくことを決めたと。

山本　それともうひとつは、ベースボール・マガジン社では記者の署名入りで原稿を書くことができなかったんだけど、それを更級四郎さんから「おまえは別格だから署名原稿で書いていい」と言われて匿名から署名原稿に移行したわけですよ。その瞬間にフィクションになったんですよ。更級さんが「おまえは署名入りで『ザッツ・レスラー』を書け」と。あれは更級さんのアイデアなんですよ！

――凄いな。更級さんもいいプロデュースをしますね。

山本　あの会社は編集者が変に目立ってはいけない、黒子であるべきだということを何十年間も徹底していてやっていたわけですよ。それともうひとつあるんですよ。ふたり目の奥さんのお父さんが「山本隆という名前はしっくりこない。おまえ、〝隆〟の下に〝司〟を入れてみろ。おまえは人々を司る人間にならなきゃいけない」って言ったんですよ。だから俺をフィクションの道を誘導したのは、ビクトル古賀さんと、更級四郎さんと、義父ですよ！　その3人が俺の潜在的な可能性を読んでいたわけですよ！

――みんなして「おまえは虎になれ」と。

山本　そうそう。それがひとりなら説得力がないけど、3人もいたら真実だよね。その3人からそう言われたとき、俺は「いや、ボクにはなれません」とは言わないんですよ。即答で「わかりました！　いただきます！」って言ったんですよ。そこがまた重要な阿吽の呼吸というか、そう言われたことをありがたく頂戴しないと可能性はないんですよ。その頂戴した瞬間に自分の中に持っていた潜在的な能力が顕在化してくるわけですよ。一歩進めるわけですよ。だから俺はラッキーだったのか、いやいや、どれだけ俺に潜在的な能力があったんだよと（笑）。でも自分では気づかずに他者が発見してくれたわけじゃないですか。人を発掘するっていうのはとても重要なコミュニケーションですよ！

――そして、それを信じる、ひいては自分を信じるということですよね。

山本　信じる力ほど強いものはないわけですよ。本人たちも名づけ親になることによって満足感があるわけですよ。「やっぱり俺があのとき思った感覚は正しかったな。自分がやれないことをターザン山本はやったな」みたいなさ。と。でも義父との約束は守っていないんですよ。

――約束ってなんですか？

山本　芥川賞を獲るということよね。「キミだったら獲れる」とずっと言われ続けていたんよ。それで芥川賞の発表があるたびに俺の名前があるか見ていたらしいんよ（笑）。

――小説を書いてもいないのに（笑）。

山本　そうそう（笑）。あるいは井上編集長も毎年、年賀状に「おまえはもうプロレスの仕事を辞めて作家の道を歩め」と書いてきてきたんですよ。要するに「別の道に行け」ということね。

――でも、そこだけはロープを掴んで飛ばなかったわけですね（笑）。

山本　そう、飛ばなかった（笑）。だって、あまりにもプロレスがおもしろかったから。プロレスという底が丸見えの底なし沼の魅力を知ってしまったので、小説を書くことよりも絶対にこっちのほうが楽しいと思ってしまったから。そうじゃない人は、二宮清純さんにしろ、古舘伊知郎さんにしろ、プロレスじゃない別の世界に行っちゃったじゃないですか。俺はプロレスにとどまった人間なんですよ。

——プロレスがあってこそのターザン山本という。

山本　とにかくフィクションは無と紙一重ではあるけども、そのダイナミズムにリアリティがあるし、フィクションとは男の最終兵器であると！　フィクションしか歴史に残らない。結論！　フィクションとは虚無と対話できる人間のことですよ！　虚と無ですよ！

ターザン山本！
（たーざん・やまもと）
1946年4月26日生まれ、山口県岩国市出身。ライター。元『週刊プロレス』編集長。立命館大学を中退後、映写技師を経て新大阪新聞社に入社して『週刊ファイト』で記者を務める。その後、ベースボール・マガジン社に移籍。1987年に『週刊プロレス』の編集長に就任し、"活字プロレス""密航"などの流行語を生み、週プロを公称40万部という怪物メディアへと成長させた。

まさか『仮面サンクス』でこんなにも胸をドキドキさせられるなんて……!!

最悪だ
パンサー
ねえ

え……
私は
恋がしたいの

あなた私に
恋をしてる?

恋！
恋？
!!

え
えっと
恋!?

ははは
恋って恋だよね
恋？
そりゃあもう
チエコさん
恋ってやつだろ

仮面サンクス
吉泉知彦

第81話
危険なデート③
私はしてるわよ

KENICHI ITO

涙枯れるまで泣くはうがEマイナー

VOL.08

ヒールホールド

伊藤健一

（いとう・けんいち）
1975年11月9日生まれ、東京都港区出身。格闘家、さらに企業家としての顔を持つため"闘うIT社長"と呼ばれている。ターザン山本！信奉者であり、UWF研究家でもある。

先日、中井祐樹先生にお会いしたときに「ヒールホールドは誰に習ったんですか？」と質問をした。

中井先生はバリジャパでの伝説のゴルドー戦はもちろん、それ以外の試合でもヒールホールドを試合で極めている。大学時代の七帝柔道では絶対習っているはずはないので、いつどこで会得したのか昔から疑問だったのだ。

〝ヒールホールド〟

海外ではHEEL HOOK（ヒールフック）と呼ばれているこの技は、簡単に言うと自分の脇で相手のカカトを挟んでひねりあげる技で、見た目はアキレス腱固めと似ているが、アキレス腱固めは足首、ヒールホールドは競技者としては絶対にケガをしたくないヒザを極める技なので、その危険度は正直100倍は違う。

実際、QUINTETなど数多くの大会で禁止となっているし、とにかく格闘技をやってる人間にとっては絶対食らいたくない技ナンバー1と言っても過言ではない。

私自身はいちばん得意と言ってもいい技で、これまで何度も試合で極めて相手のヒザを壊してきたし、ロープブレイクありの試合では試合中に3度極めたこともある（キリッ）。

この技のいいところは、実力差があったり体格差があっても一発逆転で極めることができるので、昔からフィジカルで外国人に劣る日本人選手がよく使っており、中井先生をはじめ、青木真也選手、今成正和選手などが世界的に有名な使い手である。

ちなみ今成選手と2回闘った（全敗）ことがある私は、その対戦したという事実だけで海外の道場に行くと超リスペクトされる。

ちょっと前までは日本人しか使っていなかったヒールホールドだが、現在は世界中でグラップリング、足関節ブームとなっているため、いまじゃアメリカ人選手がいちばん研究をし、使っている。

青木選手、今成選手にヒールホールドで勝つ選手も出てきており、かつては独壇場だった日本が、いまは世界にかなり遅れをとっている状況だ。

私自身もその最先端の足関節技の技術を学ぶために、日本の道場ではなくわざわざNYのヘンゾ・グレイシー道場に何度も出稽古に行っている。

東京都港区出身で現在も港区で暮らしている私は、世界一の大都会NYがとてもお似合いだし、NYも私を愛しているということもあるのだが、なによりヘンゾ道場にはジョン・ダナハーという名コーチがおり、私だけではなく世界中からUFCなどで活躍する有名ファイターたちがわざわざ教えを乞いに行くのだ。
※現在ダナハーはヘンゾ道場を辞めてプエルトリコに移住したという未確定情報もある。
ダナハー自身は選手としては特に実績もないのだが、逆に競技の経験が少ないからなのか、自由な発想からの技術が革新的で斬新であり、私のような格闘マニアでもまさに眼から鱗が落ちるほどにその指導に感動した。

プライベートではかなりの変人らしく、いつでも、たとえ高級レストランでもラッシュガードという寝技用のウェアを着用し、もう60近いというのに道場の生徒の女性にも手を出しているとか。

さらに道場でのクラスには毎回30分は遅刻するのが当たり前。私が参加したときは1時間半も遅刻してきたので、さすがにバツが悪そうな顔をして、ラッシュガードからラッシュガードに着替えていた。

しかし、どんなに変人だろうが、指導力と技術だけは間違いない。現在、ダナハー軍団は世界の中心にいるのだ。

ところで冒頭の中井先生への質問の答えは「佐山（サトル）先生に習った」だった。

佐山自身、新弟子時代にブラジルから来たイワン・ゴメスにヒールホールドを習ったと証言している。つまり1970年代の新日本プロレスにはすでに存在していた技術なのだ。

前田日明もアンドレ戦で使っており、もちろんUWFでも普通にあった技術なのだろう。そう考えると、新日本、UWFがそういう技術をちゃんと残しておけば、1990年代にグレイシーにあそこまで惨敗しまくることもなかったのではないかと悔やまれる。MMAだと下になってしまうと殴られるリスクもあるが、グレイシー柔術にはない技術なので、もう少しは抵抗できたのではないかと思ってしまうのだ。

みなさんは憶えているだろうか？ ボブ・サップが日本中に大ブームを巻き起こしていた時代、新日本プロレスはサップにやりたい放題にされたことを……。

我らが中邑真輔は「いちばんスゲエのはプロレスなんだよ!!」とは言ってくれたが、実際はサップにやりたい放題やられて、IWGPは取られ、しまいには屈辱にも返上される始末……。

もし新日本にヒールホールドの技術がちゃんと残ってさえいれば、サップのデカイ足なんてあっさり極められたであろうに!!

ならば私もわざわざNYまで行く必要もなく、まさにKAMINOGE（上野毛）で技術を学べたのではないか!!

ヒールホールドについて考えたとき、私はいつもこんな思いに行き着いてしまう。

そう、カッカしてしまうのであった。

マッスル坂井と真夜中のテレフォンで。

7/10

MUSCLE SAKAI DEEPNIGHT TELEPHONE

「この1年間、マスクをして、手洗いをして、うがいをよくしていたら慢性的に体調が悪いみたいのがなくなってインフルエンザにもかからない。すげえ体調がよくなったからこそ俺はずっと下痢だったじゃんってことに気づいたんですよ」

「あまりこれを言うのははばかられるんですけど、俺はついに酵素を飲み始めまして」

——そういえば長州力さんが武藤敬司さんとテレビのロケで新潟に行ったとき、店の名前は憶えてないんだけど「とん汁ラーメン」っていうのがメチャクチャうまかったと。

坂井　ああ、はいはい。上越っていうか妙高市にあるとん汁専門店『たちばな』ね。

——あっ、やっぱ有名店なんだ。

坂井　『たちばな』はメチャメチャ有名で、俺がいままで食ったとん汁の中でいちばんうまい。シチューのようなクリーミーさなんだけど、実際にクリームが入っているわけではなくて、ただただ玉ねぎの甘さというか。そのスペシャルさたるや、世田谷区駒沢の『かっぱ』の煮込みに近いものがありますよ。野菜とかの煮込み具合は。

——へえー、『かっぱ』にたとえてもらったらわかりやすい。

坂井　当然、長州さんや武藤さんも『かっぱ』の煮込みを食べていた可能性があるんで。

——昔から新日本プロレス御用達の店ですからね。

坂井　誰かが鍋で大量にお持ち帰りをしてきていたり、タニマチやファンの人が届けたりしてるでしょ。それを道場で食してる可能性があるんですよ。『かっぱ』の煮込みに近いものがあるので、井上さんも絶対に好きなはずですよ。

——ラーメン屋かと思ったら、とん汁専門の店でラーメンもあるんだね。

坂井　そう。それは「麺を入れても当然う

構成：井上崇宏

まいっしょ」っていう。俺はそのままご飯で食べたいというか。

――「なんでも混ぜりゃいいってもんじゃないと思って食ったら……メチャクチャうまい！」って長州さんは言ってました（笑）。

坂井　ほおー。ちゃんとホントにうまいものがわかるんですね。

――長州さんは舌がバカだと思っていたの？（笑）。

坂井　思ってました。正直、「最近のラーメンは醤油も味噌も溶けば全部一緒だろ」って言いそうなタイプだなと（笑）。

――たしかに長州さんも武藤さんもめちゃくちゃうまいもんを食ってきただろうけど、そこまでグルメな感じはしないか。

坂井　しないですねー。いちばんの近所という理由で行きつけの寿司屋がある人たちだと思います。

――あっ、そのタイプだね（笑）。

坂井　でも20何年前に『笑っていいとも！』のタモリさんが言ってたんですよね。「新潟にとんでもなくうまいとん汁屋がある」って。タレントの中でいちばん早く言ったのはタモリさんですよ、たしか。

――そうなんだ。あのー、タモさんのテレフォンショッキングの話をしてもいい？

坂井　聞きたいですよ、タモさんのテレフォンショッキングの話。

――フォークの神様こと岡林信康さんがテレフォンショッキングに出たときの話なんだけど。

坂井　俺が好きな歌は『Gの祈り』ですよ。

――そのときに岡林信康が「俺、石鹸とかで身体を洗わないから」と言っていて、それでタモさんが「えーっ!?」ってすげえ驚いていたら、岡林信康が「いやいや、だから俺は肌が綺麗でしょ」みたいな。そうしたらタモさんが「いや、ちょっと臭うけどなあ（笑）」みたいなことを言ってて。そうしたらその1年後くらいのテレフォンショッキングでタモさんがゲストを相手に「俺さ、石鹸とかで身体を洗わないから」って岡林信康が言ってたことをまんま引用してて（笑）。

坂井　俺もそれ観てました。そのときのゲストはたしか福山雅治ですよ。

――あっ！　だって福山雅治も身体を洗わないじゃん。

坂井　福山雅治もラジオで「毎日湯船に浸かっていれば身体を洗う必要はないよ。まあ、シャンプーは使うけどね。整髪料もつけるし」って言ってました。

――それは有名な話ですよね。

坂井　じゃあ、元は岡林信康なんですね。

――岡林信康発祥なんだ。で、坂井さん。俺もなんの影響だかわからないんだけど、もう10年近く身体を洗ってないよ。

坂井　えっ、ウソでしょ!?

――ホント（笑）。

坂井　ボディソープを使ってないってこと？

――使ってない。髪の毛とデリケートゾーンと足の指とかにだけ使うけど。

坂井　はあー、たいした自信ですねえ。

――だから俺は肌が綺麗でしょ（笑）。

坂井　いや、ちゃんと肌を見たことがないわかんないです。俺はホントにそれは信じてないんですよね。

――やっぱり毎日全身をゴシゴシやってるんですか？

坂井　俺も全身をボディソープでゴシゴシっていうのはあまりお肌にはよくないだろうなと思ってるんで、石鹸で流してますよ。

――皮膚の表面を清潔に保ってるということか。

坂井　えっ、表面以外にどこを洗うんですか?

――だって、健康タオルとかスポンジでゴシゴシ洗えばある程度の奥までいくんじゃないの。

坂井　奥ってどこですか?

――毛穴の奥とか。

坂井　毛穴の奥まで洗う必要はないでしょ。

――わからんな。ひさしく洗ってないから（笑）。

坂井　でも我々は工場で仕事をしているから物理的に汚れがつくわけですよ。俺は直接的に油汚れがつくわけじゃないんだけどね。あと別のお仕事では毒霧みたいなものを吹きかけられるときもあるわけですよ。

――そんな日もある（笑）。

坂井　だから身体が綺麗だという前提がないわけですよ。そのまま肌をちょっと脂っぽくしておくと、すぐに皮膚炎を起こしますから。でもやっぱりDDTの内部でもヨガが好きな人たちとかは「なんでみんな、そんな身体の外ばかり洗うのに身体の内側を綺麗にしないんだ?」って。

――それはトランザム★ヒロシさん?

坂井　いや、アントーニオ本多さんですね。「肉を食えば食うほど汚れるでしょ。呼吸が浅くなればなるほど汚れるでしょ」みたいなことを言っていて、「ヨガは身体の中を綺麗にする作業だ」っていうふうに言ってますから。ちなみに私は3週間前に胃腸炎になったんですけそ、それ以来、腸内のことに意識を向けるようにしていますね。ちゃんと発酵食品を摂るようにしようと、納豆を食べてますし、チーズも食べてますし、キムチも食べてますし、ヨーグルトもね。

――乳製品はあまりよくないって聞くんだけどね。

坂井　あっ、そうなんですね。それでこれを言うのははばかられるんですけど、ついに酵素を飲み始めまして。やっぱ新潟っ子なので、越後薬草というメーカーの『野草酵素萬葉』っていうやつなんですけど。

――えっ、酵素ジュースはいいじゃん。

坂井　そのままをキャップ1杯分飲んだり、チュールをペロペロするかのようにして摂取してますけど、具体的には酵素の効果ってわからないじゃないですか? だから声高におすすめできないっていうか。でもそれを飲み始めて、納豆ご飯を生活の中心に据えるようになって、いまは肉とかよりも「ああ、納豆ご飯を食べたいな」っていうふうになっていますね。

「井上さんみたいに『俺は身体を洗わない』って言ってる人は自転車の外れたチェーンの交換もできないようなタイプ」

――具体的な効果がわからないから、あまり言うのははばかられると。

坂井　やっぱりこういう種類の会話って共鳴しないと成立しないですから。難しいよね。俺はいまだに非科学的だなって思ってますけど、でもホントに体調がいいんですよ（笑）。

――あとお米も玄米にしたら?

坂井　いや、だから俺はお腹を壊す恐れがあるんで。あと我が家は知らないうちに砂糖は「てんさい糖」を使っていましたね。てんさい糖って知ってます?

――名前の響きだけは。いまググりますね。えっ、野菜なんだ。「見た目は大根のようでいて、じつはほうれん草と同じヒユ科。ほのかの甘さがあり、これこそが甜菜糖の原料」。へえー。

坂井　これがまた腸内の細菌たちによく効くんですよ。

――坂井さんは、俺が思っている以上にお腹を壊す人っていうことだね。

坂井　いや、俺自身もこの歳になってはじめてずっとお腹を壊していたことに気づいたんですよ。

――あっ、「てんさい糖はお腹にうれしい砂糖」って書いてあるわ。

坂井　それをヨーグルトに入れたらおいしいんですよね。

――ああ、うまそう。

坂井　ついでに越後薬草の『野草酵素萬葉』も調べてくださいよ。

――はいはい。「上越地方の最高峰のヨモギを使用」と。

坂井　ヨモギは笹団子の原料ですからね。

――なるほど（笑）。あっ、ここOEMもやってるじゃん。坂井精機でオリジナルの酵素ジュースを作ったら？

坂井　おおおお？

――でも、お腹は大事だよね。

坂井　この1年間、マスクをして、手洗いをして、うがいをよくしていたら慢性的に体調が悪いみたいのがなくなって、インフルエンザにもかからないし、年に何回も鼻すらかまなくなっちゃって、すげえ体調いいなと思ってますよ。そうしたら俺はずっと下痢だったじゃんってことに気づいて、それも治りつつあるから、人生のストレスがどんどん減ってきていますよね。新しいクルマも買えたし、わりと人生の調子がいいんですよね。改善することって大事ですね。

――前にも言ったけど、コロナ禍になってから私はずっと事務所でスクワットをやっていますからね。

坂井　あの事務所にあるケトルベルを持って？

――ケトルベルを持って。だから足腰は前よりも全然強くなってまして。

坂井　太ももというか、内ももを鍛えてるってことだよね。

――だから歩くのもラクだし、走るのもラクだし。

坂井　俺、無駄にいろんなことを調べてるんですけど、早漏防止のいちばんは内もも、つまり内転筋を鍛えることらしいです。

――早漏防止で調べたってことだな（笑）。

坂井　唐突で申し訳ないですけど、私の調べではそういうことみたいですよ（笑）。

――あとはテストステロンでしたっけ？

坂井　テストステロンは男性ホルモンですね。

――スクワットをしたらテストステロンが分泌されるっていう。だから「モテたきゃスクワットをやれ」みたいな。

坂井　なるほど。つまり井上さんはモテたいし、早漏も防止したいってことですよね。

――まったく違うけど（笑）。

坂井　でも結果的にそうなってるっていうね。あと、井上さんみたいに「俺は身体を洗わない」って言ってる人、俺のまわりにもいるけど、みんなHOLY SHITみたいなお店を経営してる人たちなんですよね。だからそんなに普段の生活で汗をかくタイプじゃねえんだろうなって思ってます（笑）。自転車の外れたチェーンの交換もできないようなタイプだろうなって。

――たしかにそれはそう（笑）。

坂井　そりゃリング設営とかもしないでしょっていう。あとは手にマメなんかできない人。

――私、なんの苦労も知らない手をしてますよ。

坂井　あとは荷物は極力少ないほうがいいでしょ？

――もちろん。それは誰だってそうなんじゃないの？（笑）。

坂井　いやいや、そういうタイプ。だからこれを読んでいる人はホントに真に受けたらダメだと思いますよ。身体を洗わないなんて。それは個人の体質だから。アレルギー体質の人はすぐに皮膚炎を起こしますから絶対に真似したらいけませんし、絶対にモテませんから。

KAMINOGE No 116

次号 KAMINOGE117は2021年9月6日(月)発売予定!

あれだけ「コロナはフェイクだ」と叫んでいたのに、
誰よりも早くワクチン接種をおこなった
ターザンが好き。

2021年8月18日
初版第1刷発行

発行人
後尾和男

制作
玄文社

編集
有限会社ペールワンズ
(『KAMINOGE』編集部)
〒154-0003
東京都世田谷区上馬 1-33-3
KAMIUMA PLACE 106

WRITE AND WRITE
井上崇宏
堀江ガンツ

編集協力
佐藤篤
村上陽子

デザイン
高梨仁史

表紙デザイン
井口弘史

カメラマン
タイコウクニヨシ
橋詰大地

編者
KAMINOGE 編集部

発行所
玄文社
[本社]
〒107-0052
東京都港区高輪 4-8-11-306
[事業所]
東京都新宿区水道町 2-15
新灯ビル
TEL:03-5206-4010
FAX:03-5206-4011

印刷・製本
新灯印刷株式会社

本文用紙:
OK アドニスラフ　W A/T 46.5kg